歴史がもっと面白く、神社やお寺がもっと楽しくなる！

日本の真・偉人伝

土岐総一郎

KADOKAWA

まえがき

日本が今、「何歳」だか知っていますか？

あなたは今、何歳ですか？　ちなみに私は執筆当時は38歳です。昭和61年3月9日に生まれました。

では、「日本」がいつ生まれたのか知っていますか？

神話に詳しい人はイザナギ・イザナミの国産みの神話なんかを思い出すかもしれません。でも、それは現在の「国土」の原型的な話です。

それは私たちの話でいうならば、いつおじいちゃんとおばあちゃんが出会って……という経緯の話になります。

そうではなく、私たちの年齢のように明確に国としての年齢があるのです。

よく我々が年月を数えるときに「西暦」という年号を使います。

西暦とは一般的にはイエス・キリストが生まれてから何年、という数え方です。紀元後ってことですね。これを私たちは世界基準と信じて使っているわけです。教科書なんかでもよく使いますね。

同じように明確に「日本の元年」は存在します。

神社に行けば明確に今年、日本が創られてから何年目なのかが書いてあるのです。

それが現在の西暦に660年を足した数字、つまりこの本を執筆している現在は西暦2024年なので皇紀2684年です。


日本は、2684歳なのです。もうすぐ2700歳になります。


世界で最も古い国ということになります。そしてその国を創った人がいるわけです。

この本はそこから始まります。

ちなみに二番目に古い国はデンマークです。西暦965年にイェリングという街の石碑にルーン文字という古い言葉で「ハーラル1世」が国家を統一してキリスト教をもたらした、と刻まれています。つまり、デンマークは建国されて1100年近いのですが、日本はダブルスコアでぶっちぎりに古い国ということになるのです。

そして私たちは今、令和という時代を生きています。令和〇〇年というのは現在の天皇陛下が即位して何年、という数え方をするわけですね。

同じように皇紀というのは最初の天皇が即位してから何年目、という数え方をします。日本はそこからスタートしました。

この本は、そんな日本を創ってきた人たちの話をなるべくわかりやすく、面白く読んで、なんと日本の２７００年くらいの通史もなんとなくわかっちゃおう！　という贅沢でマーベラスな内容です。

沢山の日本人が、日本という国を創り上げてきました。

もちろん、あなたもその一人です。

国が成立するためには「国民」が必要です。

つまり、今この本を読んでいる、あなたも私も日本の一部です。

これを読んでいる方のほとんどは人類かつ日本人だと思います。つまり、この本で出てくる方達は血縁的にはほとんど親戚みたいなものです。

これは本の中で説明しますが、奇跡でも起こらない限り親戚であることは、ほぼ確実なことです。人類皆兄弟、と言いますがそれよりは結構狭い範囲の話です。81億1900万人が世界にはいますが、その中の1億2000万人の話なので、日本人は世界の約1パーセントくらいの集団です。

なので、遠いおじいちゃん、おばあちゃんや親戚の話を聴くような気持ちで読んでくれたら「親近感」が持てるんじゃないかと思います。

では、日本の2700年を創った日本人たちのお話の始まり始まり。

日本の真・偉人伝　もくじ

GREAT PERSON
No.01

［日本の建国の父］
神武天皇

２６８０年以上前に九州高千穂から奈良に東征して「建国」をした初代天皇。

日本の「公式」創始者です。

日本は世界で一番古い国。

明確に現代の日本に地繋ぎになるのが神武《じんむ》天皇です。

なぜかというと、古事記や日本書紀に載っている初代の天皇だからです。

神武天皇は九州の日向、高千穂の地から東に移動しながら行く先々で敵を恭順させていき奈良の現在の「橿原《かしはら》神宮」の地にて建国を宣言します。

その時の宣言が奠都《てんと》の詔《みことのり》です。遷都《せんと》という言葉は聞いたことがありますか？　都を移すことを「遷都」と言いますが都を創ることを「奠都《てんと》」といいます。

そこで宣言した内容に「八紘一宇《はっこういちう》」という言葉があります。これは全世界が一つの家に平和に暮らせるようにしよう、という意味です。これが日本の建国の理念と言われています。

そして2684年前（2024年時点での数字です。西暦に660年足すと何年前に日本ができたのかがわかりますよ。神社などに行っても皇紀2600年といろんな場所に書いてあるのでぜひ発見してみてください）の2月11日に天皇として即位しました。なのでこの日は今でも建国記念の日なのですね。戦前はこの日を「紀元節」と言いました。

令和の天皇は神武天皇から数えて126代目の天皇になります。世界中で、一度も滅びることがなくこんなに長く存在している国はありません。

神武天皇はサメの子孫!?

神武天皇にはこんなエピソードがあります。

神武天皇は「山幸彦《やまさちひこ》」という浦島太郎のモデルになっている人の子孫になります。神武天皇は竜宮城の乙姫様のモデルである「豊玉姫《とよたまびめ》」と山幸彦の孫になります。

実はこの乙姫様は海の神様である「ワダツミ」の子供なのですが、その正体は「サメ」なのです。

神武天皇のお父さんを産む時に「出産しているところは見ないでね」と山幸彦に言っておいたわけですが日本神話における「見ないでね」は見ることのフリでしかないんですね。

そして、見てしまったらなんとサメの姿で出産していたのです。

それを恥ずかしく思って豊玉姫は実家の竜宮城に帰ってしまいます。

しかし子供の世話はしなければいけないので乳母として妹の玉依姫《たまよりびめ》を派遣します。

そんなこんなで育ってみたら、いい男！　ということで、玉依姫は乳母として育てていた子供と結婚して子供を４人作ります。

その中の４番目の子供こそが、初代天皇になる「神武天皇」その人なのです。

つまり……「豊玉姫＝サメ」の子供、この次点でサメのハーフ。そのサメのハーフである子供と結婚した妹、玉依姫＝サメな訳です。つまり神武天皇は４分の３がサメということになります！

つまり、今の天皇はサメの末裔！　ということになるわけなのです‼　……と、早とちりする前に、神話の読み方、歴史の読み方についてお伝えします。

今の説明って面白いし、わかりやすかったですよね？

これは比喩です。つまり、日本の天皇というのは周りの民族と融和してやってきたんだよ、ということでもあります。これは海神族、海の仕事をなりわいとした龍を祀る民族との融和を指すわけです。古事記というのは古くからの伝承を物語化したものです。その当時は大きな動物や神格視されるようなものは「龍」とされていても不思議ではないわけです。実際サメのような古代生物はたくさんいるわけです。

竜にしても、考えてみれば今よりも恐竜の化石なんてたくさん転がってたかも知れなくて、それが昔のサメだったという憶測はごく自然ですよね。

私たちは物語でしか事実を把握できません。実際出産シーンを見られるのは恥ずかしい！　勘弁して！　というのは別に自然だと思いますし、何かがきっかけで奥さんに実家に帰られることは悲しいかな現代でもあるんじゃないかと思います。

ただ、そう伝わっているよ、ということを古事記ではそのように記しているのです。

ただ、私はこのエピソード、大好きです。すごく覚えやすい上に、人に説明しやすい。海神の娘で恥ずかしがり屋の人魚姫っていうと、漫画「ONE PIECE」にも出てきたのを知っている人もいるかもしれませんね。

土岐総一郎の、ちょっと一言はさませて

なぜ本書の最初に神武天皇を選んだのか。

それは間違いなく「日本」という国はここから始まったからです。

国というのは概念です。昔から現在のように国際社会があったわけではありません。王様がいて物語があって、それを共有しているからその土地に住んでいる方が国民であるという認識を持つわけです。

そういう意味で、私たちは過去に「日本史」を学んだのでしょうか？

他の国であれば、歴史を学ぶ際には当たり前ですが建国0年から教わります。

そして、現在の令和の天皇は126代です。

だから、日本は古来から存続していると言えるのです。


さて次に登場する偉人の時代はそこから900年以上経ちます。

「幻の女帝」のお話をしたいと思います。

日本が生まれて900年近く、西暦で言うとやっと200年といったところでしょうか。

近代の歴史において「天皇」とされなくなった皇后のお話をしたいと思います。

実は、この方を祀っている神社は日本で一番多いです。おそらく、あなたもお参りしているはずですよ。

GREAT PERSON
No.02

「日本で一番拝まれている神様!?」

神功皇后

明治時代までは第15代天皇とされていた神功《じんぐう》皇后。

彼女が活躍していたのは日本が生まれて９００年ほどの時代になります。

神功皇后は14代天皇の仲哀《ちゅうあい》天皇の皇后で、15代天皇である応神《おうじん》天皇のお母さんです。

つまり、元々の血筋は天皇家の人ではありません。


ここで古事記と日本書紀の性質の違いなのですが、古事記はまさに物語！　といった感じでドラマチックに書かれています。そして「日本語」の音で読めるように書かれているのです。起こった出来事を中心に書いていく方式なので物語として読みやすいわけです。

一方日本書紀はというと、いわゆるその時にお隣の主要国である隋や唐で通じる漢文で、さらに「編年体」という起こったことが年代順に書かれる形式です。つまり、国としての対外的な書類。公式なものとして書かれているわけですね。

今で言うと英語で書かれている、みたいなものです。そんな公式文書である日本書紀は神様の時代の話が上・下巻あり、その後は歴代天皇ごとにまとめてあるわけなのですが、その中に神功皇后が一つのまとめとして存在するのです。

つまり、公式に一時代として認定されており、年号、つまり和暦の名前として、神功皇后元年から神功皇后69年があります。

武神として祀られる皇后

この神功皇后は長年「武神」として祀られています。

ずっと源氏に崇拝されている「八幡」（やはた／やわた／はちまん）の神様が祀られている神社は、基本的にこの神功皇后とその子供である応神天皇が主祭神です。

なぜかというと、神功皇后は「三韓征伐」という海の向こうの異国である新羅へ出兵を行って、大規模な範囲を服属下においたのです。

実はこの時にエピソードがあり、夫である仲哀天皇は朝鮮半島にいくことよりも九州の「熊襲《くまそ》」を討伐しようとしていました。

しかし、神功皇后は巫女のような人で神を降ろし神託を仲哀天皇に伝えます。

「熊襲は荒れて痩せた土地、それよりも西の海の向こうに宝であふれた国がある。そちらにいくべきである。そのことを聴いてくれるなら刀を血で汚すことなく服属することができるだろう」

しかし仲哀天皇は西に国なんか見えない！　そして、新しい神は信じない！　として、これを拒否します。

結果的に九州の熊襲と戦うのですが勝てずに帰還し、神の怒りを受けた仲哀天皇はそのまま病で死んでしまいます。

神功皇后は悲しみに暮れるのですが、「天皇が死んでしまったのを知ったら民達の心に隙が生じる」として仲哀天皇の死を隠します。

そして次にはこのようなことにならないように、神功皇后は自らが神主になり神様にしっかりお祈りをし、神託を受けます。そうして悲願である熊襲の平定を成し遂げ、神様の言うとおり新羅征討にいくことを決めます。

その時に神功皇后は男装し、集めた兵士たちにこういった趣旨のことを発言しました。「今回の征討が失敗してもあなた達のせいではない、しかし成功したらあなた達の功績だ」

そして実際に新羅に行き、お告げ通りに戦わずして三韓征伐を成し遂げたということです。この時実は、神功皇后は身籠っていました。臨月の際には「月延石《つきのべいし》」や「鎮懐石《ちんかいせき》」という石によって体を冷やして出産を遅らせて朝鮮半島に向かっていきました。この月延石や鎮懐石は現在、「月読神社」「鎮懐石八幡宮」「本宮八幡神社」で祀られています。

さらにこの後、応神天皇を産むわけなのですが、即位するまでは神功皇后がトップにいるのです。実質的な空位状態で現在では摂政として扱われていますが、この時には摂政という役職が出てきていません。

考古学的にも神功皇后と応神天皇の時代は多くの渡来人が来ていることが確認され

ています。日本書紀で応神天皇の段に秦の始皇帝の子孫である「弓月の君」という一団が数万人を率いて応神天皇に助けを求めて百済から渡来してきたというように伝えられています。この一団がのちの「秦氏《はたうじ》」となり全国に広がり稲荷神社、八幡神社などを造っていったのですね。

もしかしたら教科書で見たことがあるかもしれない「七支刀《しちしとう》（七枝刀《ななつさやのたち》）」という奈良県の「石上神宮《いそのかみじんぐう》」にある国宝の鉄剣がこの時代に朝鮮半島の国、百済から進呈されています。つまり、この時代は大きく日本が国際的に動いたという証拠がある時期でもあるのです。

数万人の異民族を受け入れる、なんていうのは現代においてもすごいことなのに、この時代はまだ人口も1000万人に届いていないような時期に身分も与えて特定の場所を統治させるということをしているのです。

なので秦氏が造る八幡《やはた》神社には神功皇后や応神天皇が神として祀られているというのは非常に納得がいく話なのではないでしょうか？

そして、八幡関係の神社は全国で4万4000もあるのです。日本の神社の数が8

万８０００社とも言われているので、約半分は八幡神社ということになります。

その八幡神社の総本山はどこにあるかというと大分の宇佐神宮になります。もちろん大分付近には神功皇后のエピソードがある名所がたくさんあります。

江戸時代でも大人気な武神だったようで、明治時代には10円、５円、１円にその肖像が用いられ、これが日本における最初の女性肖像紙幣となっています。

つまり、明治までは非常に人気のある歴史上の人物、そして日本で一番人気のある神様であるといっても過言ではないのではないでしょうか!?

土岐総一郎の、ちょっと一言はさませて

神功皇后にちょっと熱が入りすぎと思われた方もいるかもしれません。

なぜ私がこれだけ推すのか（笑）？

というのも、私の「土岐」という名前は源氏の一門の苗字になっています。源氏が祀る氏神さまといえば「八幡さま」なのです。

この後出てくる源義家は石清水《いわしみず》八幡宮で元服したことで八幡太郎、と呼ばれることになるわけです。つまり源氏にとって氏神様なのです。

そして……気付きませんでしたか？

日本の女王的存在で、神がかり的な形で人を治め九州や近畿付近に拠点を持ち海外進出も果たしている。おそらく日本人の認知度ナンバーワンの最古の女王。

そう、卑弥呼《ヒミコ》です。

先ほどお伝えした宇佐神宮を総本山とした八幡神社でお祭りされている方は応神天皇、神功皇后、そして「ヒメミコ」とあります。

卑弥呼が今の中国にあたる場所にあった国、魏から金印を贈られたとされるのが239年。神功皇后が没したとされるのが269年です。

もちろん西暦と和暦だと数え方も違いますし、ましてやもう存在しない国「魏」の書物に書いてあることから推察される年が239年です。

さあ、あなたはどう考えますか？

西暦＋660年が、日本の年齢。

この時点で日本ができてからもう1000年近くが経ちます。

次は、ある大きさが「世界一」の天皇の登場です。

GREAT PERSON
No.03

仁徳天皇

「世界最大のお墓は日本にある！」

前方後円墳の象徴とも言っていい、仁徳《にんとく》天皇のお墓。

なんと全長墳丘の全長が525メートル、高さが39・3メートル、周りには、三重の周濠を巡らしているのです。


ちなみに古墳って、日本に何個あるか知っていますか？

なんと16万基近くあるんです。

神社の数をさっき8万8000社以上あるとお伝えしましたが……古墳はなんとその倍近くあるんですね！

古墳の定義はあくまでも古代の人たちが眠っているお墓を指すので少なくとも16万人もの人たちが埋葬されている、ということはその中の一つ以上はご先祖様の可能性は大いにあるわけです。

皇族だけではなく地元の名士の方々もいるわけですし、何よりも日本全国津々浦々にあるんですよ。

古墳から何が発見されるか、というと皆さんきっと、どうせハニワでしょ！　という感じかもしれませんが、外国製の多くの副葬品が発見されています。

いや、海外っていってもお隣とかのやつでしょ……と思うかもしれませんが中国や朝鮮半島からだけでなく、遠くペルシャやローマ帝国から渡って来たものも発見されてるんです。奈良の橿原、つまり神武天皇が建国した地域からはササン朝ペルシャの青いガラス皿とかが出土されているんです。

今使っても全然違和感のない素敵なガラスの器ですし、国産のものだったら漆が塗ってあるお皿なんかもものすごい数が出てきています。

私たちが教科書で習っているよりも、おしゃれな生活を送っているんです。

古墳にコーフン！　土器にドキドキ！

人間味あふれる家族模様

はい、脱線しました。

そうです、仁徳天皇のお話です。

そして、その16万あるうちの一番大きい古墳が仁徳天皇陵。なんといってもこれ、世界一大きいお墓なんです。ちなみに古墳で二番目に大きいのは応神天皇陵です。

そんな仁徳天皇は前回お話しした応神天皇の子供になります。

この時代は日本最古の女帝がいたり日本最多の神社の神様がいたり世界から万単位で移民があったり世界最大のお墓の主がいたり、ダイナミックな時代ですね。この時代を知らないなんて勿体無いと思います。

さて仁徳天皇は、即位をする前は、オオサザキという名前であり、人格者として知られていました。

この後、仁徳天皇のことは「オオサザキ」と表現しますのでオオサザキのお名前だけ覚えてくださいね。

日本書紀には、「幼い時から聡明、壮年に至ると心深く慈悲深くいらっしゃった」とあります。それを象徴するエピソードも残っています。

応神天皇は、自分の死期をさとり、オオヤマモリ・オオサザキ・ウジノワキ（イラツコ）といった皇子たちを呼び寄せてこのような問いをします。

「年老いた父親は、年長の子供と年少の子供どちらを可愛がるだろうか？」

この問いかけを聞いた瞬間、オオサザキ（後の仁徳天皇）は頭の中で瞬時に、

「年老いた父親は、年少の子供を可愛がりたいものだ。これはつまり、父である応神天皇はウジノワキを次の天皇にしたいと考えているのだな」

と悟ります。

そして、応神天皇に「年老いた父親は、年少の子どもを可愛がりたいものです」と答えます。

応神天皇も、「オオサザキよ、そうだよな。そういうわけで次の天皇位はウジノワキに譲ることにする」と明言しました。

これに一番年長のオオヤマモリは、不満を持つことになります。

そして、父である応神天皇が亡くなり、ウジノワキが即位する状況になるのですが……ウジノワキは、

「私は天皇の位にふさわしくありません。仁孝の徳のある兄上オオサザキが皇位にふさわしい」

と、オオサザキ（後の仁徳天皇）に皇位を譲ろうとします。

しかし、オオサザキも、

「私にはふさわしくありません。なぜなら、父、応神天皇が次の皇位にふさわしいのはあなただと決められたからです。どうして父上が遺された命令に逆らうことができましょうか。あなたこそ皇位にふさわしいのです」

こうやって兄弟で皇位を譲り合ったとされています。

しかし、この状況に不満を持っていたのが一番年長者のオオヤマモリです。

「次の天皇にふさわしいのは、私だ……。どうして父上はウジノワキを次期天皇に任じたのだ。いっそのことウジノワキを殺害して私が天皇になってやる！」

と考えます。

しかし、オオサザキは、オオヤマモリのこの不穏な動きを察知して、弟であるウジノワキを守ります。

結果、オオヤマモリの反乱は失敗してウジノワキの手にかかり、亡くなってしまいます。しかし、兄を殺害したウジノワキは心労のせいで結局亡くなることになるのです。ウジノワキの死の知らせを聞いたオオサザキは、大いに嘆き悲しんだとされています。こうして、オオサザキは仁徳天皇として即位することになるのです。

民の竈エピソード

仁徳天皇といえばこのエピソード！　というくらい有名なエピソードがあります。

それがこの、『民の竈《かまど》』。

仁徳天皇は、即位して何年かたった頃あることに気づきます。

「あれ？？　ご飯どきだというのに家々からご飯を炊くための煙が立ち昇っていないぞ。どうしたことだろう……」

この仁徳天皇の言葉を聞いていた近くの家来が、「最近は不作続きでして……」と答えると仁徳天皇は、「民の家々から煙が立ち昇らないのは、やはり貧しくて炊くものがないからなのか……」と仰せになり、次のような行動に出ます。

「これから3年間は民から税金を取ることを禁じる」

仁徳天皇自身、住まわれる宮殿の屋根がぼろぼろになって雨漏りがひどくなっても、塀がぼろぼろになっても決して民を使役することはありませんでした。

「民衆が食べるものもなく、大変な時に働かせるようなことがあってはならない」

と、質素倹約を徹底されたのです。

こうした倹約が実を結び、ついに3年後、仁徳天皇が宮殿の高台から家々を見渡してみると、ご飯を炊くための煙が家々から盛んに昇っているではありませんか！

仁徳天皇は、「私はすでに富んでいる」と満足げに側近くにおられた皇后陛下に仰せになりました。

皇后陛下は、「宮殿はこんなにぼろぼろなのにどうして『私は富んだ』と仰せになるのですか？」と聞かれました。

これに対して仁徳天皇は、「民こそ私の大いなる宝なのだ。民が豊かであれば私も豊かなのだ」。そして、さらに続けて「民が豊かであるために私は存在しているのだ」と皇后陛下に言ったのでした。

さて、通常ですとそろそろ徴税を再開しようとなるところなのですが……仁徳天皇は、驚くべき行動に出ます。

というのも、民の代表たちが、

「宮殿はぼろぼろですし、蔵には何もない状況でそろそろ課役と徴税を再開してはいかがでしょう？」

と言い終わらないうちに、なんと仁徳天皇は、「もう3年間無税にする」と仰せになるのです。

これには、民の代表たちも「本当ですか!?」と驚愕してしまいます。

なぜ、仁徳天皇はもう3年間無税にすることを決めたのか？

それは、民の暮らしをもっと豊かに安定させるために、後々、治水工事や新田開発を行おうと考えたからでした。

「あとでもっと頑張ってもらうから、今はとっときな！」ってことですね。

治水工事や新田開発は、民に働いてもらわなければ成り立ちません。

だから今は、徹底的に民を休ませる必要があると判断したのでしょう。

ただ慈悲深いだけではなく先を見通した素晴らしいリーダーとしてのエピソードですよね。


そうして3年がたった時にようやく仁徳天皇は、徴税と宮殿の修理をお認めになったのです。すると民は、仁徳天皇の宮殿に
「俺が先だ‼　早く仁徳天皇の宮殿を修理しに行くぞ‼」

と殺到します。

民は、ただ免税してもらっただけではない、仁徳天皇の恩に感謝してそれを返そうと行動したのです。

誰からも促されることなく率先して昼も夜も力の限り働き、それはまさに競争しているかのような様子だったと日本書紀には書かれています。

仁徳天皇が課税を認めて数年後、都の米倉は満杯になります。

しかし、仁徳天皇の民を豊かにするための行動はまだまだ終わりません。

それが、今の大阪府堺市あたりの湿地帯に新しい田んぼを作ることでした。

これにより、広大な新田が作られ民は食べ物に事欠くことはなくなったと日本書紀に書かれています。

新しい田んぼを開くと大量の盛土が出来ます。仁徳天皇は新しい田んぼの出来栄えを見るために今の大阪府堺市あたりに出向きます。


そして、その盛土の跡に出来たのが世界最大の仁徳天皇陵なんです。

学校で習う古墳というものは、権力者たちが自らの権力を誇示するために造らせたと習いますが、どう思いますか？

大量の土地を切り拓けば切り拓くほど、大量の盛土が出ます。これを利用して造られたのが古墳なのです。

仁徳天皇陵、もしネットなどで調べたら注目して欲しいのですが、周りに堀を造っています。これは、万が一盛土が崩れた時に周りの田んぼに土砂が流れないようにするためなのです。

仁徳天皇陵というのは、

「たくさんお米を取れる土地を切り拓かせてくださってありがとう」

という仁徳天皇への民衆の感謝が現れたものなのです。

仁徳天皇は、どこまでいっても民の生活を豊かにするために考え続け、行動し続けた君主だったという事ですね。

人格者であり、大の女性好き

ちょっと仁徳天皇、人間できすぎだろ!!　——と思ったかもしれないので、非常に人間らしいエピソードを最後に。

実は、仁徳天皇は大の女性好きでした。

別の女性を妻に迎えたいといった時、正妻である皇后陛下はすごく嫌がりますが、そんな皇后陛下を脇に置いて結局は新しい妻を迎え入れてしまいます。

そうしたらなんと皇后陛下は、家出をしてしまいました。

仁徳天皇はなんども帰ってきてくれと懇願しますが、なかなか帰ってきてくれませんでした。結局、仁徳天皇自ら迎えに行く羽目になり、ようやく皇后陛下は宮殿に帰ってきたそうです。

ちょいちょい、女性が実家に帰ったり出ていったりするエピソードがあるのが日本の伝統です。そんなことも古事記や日本書紀には書いてあるので、決して天皇や偉人たち、この血筋の人たちが完璧な人間である、ということだけを伝えたものではないのです。民衆のことを第一に考えて絶大な人気を誇った仁徳天皇ですら皇后陛下の気持ちはままならなかった、という話も載せているのです。

一人の女性を大事にできない人間が大きなことなぞできるか、的な話がありますが過去の偉人たちを見ると、一人の女性を大事にすることの方が偉業だということがわかりますね。

ちなみに、時の天皇がプロポーズして、忘れられていた女性が文句を言いにくるエピソードなんかもあります。

土岐総一郎の、ちょっと一言はさませて

古事記も日本書紀もですが、けっこう天皇や偉人の人間らしいエピソードが多いです。血生臭い話も、間違えた話も、弟の奥さんを寝取ろうとする話も、カミさんに逃げられた話も全部入っています。

人間って、日本人ってそういうもんでしょ、というメッセージなんじゃないかなと思っています。

古事記には中国からの道教や儒教の影響が見られるという人がいますが、とんでもないです。それどころかあらゆる教えがちりばめられています。

その当時の国際交流から考えると景教（キリスト教）や仏教の教え、おばあちゃんの知恵袋やしくじり先生だって入ってると思いますよ。

日本には八百万の神を受け入れる精神があるのです。

もちろん受け入れる際にはすったもんだあります。

だって古い国ですもの。

いろんな年代の人、いろんな考えの人がいるわけです。

そうやって、いろんな形でわかりあっていくのが日本人だと思います。

その土壌を大きく作ったのが、次に紹介する天皇なのではないかと思っています。

仁徳天皇が崩御されたのが西暦でいうと399年、日本が始まってから1059年になります。

GREAT PERSON
No.04

日本ができて1000年

［実は世界最古の女帝!?］
推古天皇

推古《すいこ》天皇は、学校の教科書に出てくる最初の天皇です。ここでは、推古朝に行われたことを述べていきましょう。大まかに、次のようなトピックがあります。

・仏教を政治に使う
・憲法十七条
・遣隋使派遣

推古天皇は、即位したとき聖徳太子を摂政に指名したとされています。
そして実はこの推古天皇、世界最古の女帝と言われているのです。

日本初、しかも世界最古の女帝である推古天皇ですが、天皇になる前、かなり波瀾万丈な生涯だったことは、意外と知られていません。

この推古天皇は、欽明《きんめい》天皇と蘇我堅塩媛《そがのきたしひめ》の子供として誕生しました。欽明天皇と蘇我堅塩媛は、生まれたこの媛を額田部《ぬかたべ》王と名付けます。つまり、天皇と蘇我氏の間に生まれたお姫様だったんですね。ここからは、推古天皇のことを「額田部王」と書きますので、ゆっくり読んでみてくださいね。

この当時蘇我氏は、物部氏と並んで朝廷で大きな勢力を誇るようになっていました。これが、後々の額田部王の生涯に関わるようになっていきます。額田部王は、大きくなると、「姿色端麗《みかおきらきら》しく、才気煥発な女性」へと成長したと日本書紀には書かれています。

大きくなった額田部王は、18歳の頃に異母兄《いぼけい》だった敏達《びだつ》天皇の奥さんになります。敏達天皇は、額田部王を愛し、２人は2男5女という子宝に恵まれます。

仏教どうするか問題

この頃、敏達天皇の懸案は、「大陸からやってきた仏教をどうするのか?」でした。大陸からやってきた仏教をどうするのかということで、仏を崇めるべきと考える蘇我氏と、日本古来の神道を重んじるべきと考えた物部氏が朝廷内で対立をしていたのです。この対立は、前代の欽明天皇の頃から起きており、欽明天皇の跡を継いだ敏達天皇の時代にも続いていました。

日本書紀によると、敏達天皇自身は「あまり仏教が好きではない」ということでしたが、蘇我氏からの度重なる「仏を拝ませてほしい」という懇願と、奥さんである額田部王が蘇我氏系の媛《ひめ》だったことから、いったんは、蘇我氏のリーダーであった蘇我《そがの》馬子《うまこ》に「仏法を信奉する」許可を与えます。

ここで出てくる蘇我馬子は額田部王のおじさんです。しかし、蘇我馬子が仏殿を建てて仏像を祀ったというタイミングで、疫病が蔓延してしまうのです。

これを受けて「仏は認めないよ」派の物部氏のリーダーであった物部守屋《もののべのもりや》は、敏達天皇に「仏教のせいで疫病が広まったので仏教は禁止すべき」という奏上を行い、敏達天皇はそれを認めます。

そして物部守屋は、蘇我馬子が建てた仏殿と仏像を焼き払ってしまいました。

しかしまたしてもこのタイミングかというところで、今度は敏達天皇が病に倒れて、なんと崩御してしまったのです。

敏達天皇の崩御により、額田部王は若くして未亡人となってしまいました。

敏達天皇がなくなったことで、次の天皇の位に誰を即位するのかという問題が起きるのですが、密かに帝位を望んでいたのが穴穂部皇子《あなほべのみこ》です。

継承者問題

しかし、穴穂部皇子の思い通りには行かず、敏達天皇の後継者にはあの聖徳太子の父親であり、蘇我馬子が推す用明《ようめい》天皇が即位することになるのです。用明天皇は、額田部王のお兄さんです。

それでも天皇の位を諦めきれない穴穂部皇子は、蘇我氏と対立する物部氏と手を組みます。ちなみにですが、穴穂部皇子のお母さんは蘇我氏で、蘇我馬子の兄妹である欽明天皇の子供です。だから、額田部王の夫の敏達天皇の兄弟でもあるのですね。

しかもあろうことかこの穴穂部皇子、なんと敏達天皇の奥さんだった額田部王を犯そうとしたという逸話が残っているのです。

額田部王は、夫であった敏達天皇の葬式と最後の別れをするために、殯宮《もがりのみや》に籠っていました。穴穂部皇子は、額田部王を7度門の前で呼びますが、敏達天皇から可愛がられていた三輪逆《みわさかう》に「ここから先は、通さない！」と阻まれ、結局入ることはできなかったそうです。

これに穴穂部皇子は激怒し、当時力を持っていた蘇我馬子と物部守屋に「三輪逆は不遜な輩だから討ち取った方が良い」と、三輪逆と、その子供を討ち取ろうとします。蘇我馬子も、そんな相談されても困っちゃいますよね……。

この動きを察知した三輪逆は、額田部王の後宮に行き、「額田部王さま、どうか私を匿《かくま》ってほしい」と頼み、額田部王もそれを受け入れます。

しかし、三輪逆の一族だった者が「三輪逆は、額田部王の屋敷にいる」と密告したことで、穴穂部皇子は「三輪逆を私自身の手で殺してやる……（ついでに今度こそ額田部王をものにしてやる……）」と、自ら額田部王の屋敷に向かおうとしたのです。

ここで、蘇我馬子が機転を効かします。三輪逆を「王者は罪人に近づくべきではない」と諫め、結局、物部守屋の軍勢が額田部王の屋敷に向かうことになります。

物部守屋は、額田部王に「三輪逆を引き渡してもらいたい」と要求するも、額田部王は、自分を穴穂部皇子から身を呈して守ってくれた三輪逆を引き渡すわけにはいかないと、守屋の要求に屈しません。

しかし結局、守屋は額田部王の屋敷に兵士たちを突入させたので、額田部王たちは命からがら屋敷を抜け出すことになります。そして結局、三輪逆は守屋の手によって殺されてしまうのです……。

継承者問題、再び

この出来事を額田部王は、胸に刻みつけたことでしょう。

「穴穂部皇子、決して赦《ゆる》さない……」

そんなゴタゴタが続いていく中で、用明天皇の時代にも、廃仏派の物部氏と崇仏派の蘇我氏の問題は終わっていませんでした。

そんな中、用明天皇は、お母さんが仏教を信奉していたことから「仏教も良いよね」という価値観を打ち出します。かといって用明天皇は神道を捨てるわけではなく「仏の法を信じられ、神の道を尊ばれた」というように、両方を大切にしようとしたのです。そして、この用明天皇の姿勢は、その子供の聖徳太子に受け継がれることになります。

これまで大事にしてきた神道とともに仏教も大事にしようということで、今までの天皇と一線を画すことになった用明天皇ですが……なんと、即位して2年ほどで亡くなってしまいます。

またしても次の天皇を決めるという時に、物部守屋は穴穂部皇子を推し、額田部王の叔父にあたる蘇我馬子は、泊瀬部《はつせべ》皇子を推すことになります。この皇子も、もちろん蘇我氏ですが穴穂部皇子と兄弟です。

額田部王としては、散々ひどい扱いをしてきた穴穂部皇子が天皇になることなんて絶対に我慢できませんよね。そこで額田部王は、叔父である蘇我馬子と協力して、穴穂部皇子とその協力者である物部守屋を滅ぼしました。

これが、「丁未《ていび》の乱」と言われるものです。

そして結果的に、蘇我馬子が擁立していた泊瀬部皇子が崇峻《すしゅん》天皇として即位することになるのです。

そしてついに日本初の女帝誕生へ

崇峻天皇の時代になり、蘇我馬子が対立していた物部守屋を滅ぼしたことで、朝廷は蘇我氏一党独裁の形になり、崇峻天皇は実質お飾りのような状態になってしまいます。崇峻天皇は、蘇我馬子に大きな不満を抱くようになります。

そしてある時、崇峻天皇は献上された猪を見て「あいつ（＝蘇我馬子）もこんな風になれば良いのに」と言ったことが蘇我馬子の耳に入ります。

これが理由で、なんと蘇我馬子は、崇峻天皇を暗殺してしまうのです。

家来が天皇を暗殺するなんて、前代未聞かつこれ以外の事例はありません。

結果、天皇の位は空位になってしまい、そこで天皇として白羽の矢が立ったのが額田部王だったのです。こうして額田部王は、日本初&世界最古の女帝・推古天皇として即位することになりました。

この推古天皇という女性天皇が誕生したことは、何を意味するのでしょう？

それは、時代の変化と、その対応力です。

女性天皇がここで誕生するわけですが、女性の明確なリーダーは神功皇后以来の誕生になります。この推古天皇は、欽明天皇の娘ですので、神武天皇にさかのぼることになります。

万世一系の男系であることは当然そうなのですが、ここで今までにほぼなかった女性天皇という存在が出現したことは、仏教や渡来人の登場により時代が大きく移り変わったことと無縁ではありません。

ここで言いたいのは、どれだけ時代が移り変わったとしても、日本という国は、万世一系という永遠不変の皇位継承システムを古くから構築していたからこそ、揺らぐことはなかったということです。

万世一系のシステムがあるからこそ「いざ、次の天皇を誰にするか」という問題が起きた時に、みんなが納得しやすい結論へと導きやすくなってくるわけです。

皇位継承争いというものは、過去の歴史を振り返ってみても起きていますが、それらをしっかり教訓として後世に残すということを地道にやってきたのが、我々が住む日本という国なのです。

近年、女性天皇、女系天皇が議論の対象に上がることも多いですが、女系天皇になると、誰でも天皇になれてしまいます。それはつまり、権力者がどうにでもできてしまう仕組みの出来上がりです。国外の人でもどうにでもできてしまいます。

その家系が終わった瞬間に、なんでもありになってしまうのです。

形骸化した国になり、その時が２７００年近く続いた日本の終わりです。

万世一系というシステムがあったからこそ、時代の変遷に柔軟に対応しながら、日本という国の形を平和に守ることができたのだということを、我々は忘れてはいけないと思うのです。

平定のための施策の数々

さて、推古天皇は、即位したからには叔父である蘇我馬子の傀儡《かいらい》にはなりたくないと、自らの甥にあたる「聖徳太子」として有名な厩戸皇子《うまやどのおうじ》を摂政に任命します。

推古天皇と厩戸皇子は、蘇我氏と物部氏が対立して朝廷がゴタゴタになっていたのは、天皇に力がなかったからだと、これまでの経緯を踏まえて感じていました。

だからこそ、天皇の力を強めることと、今後、崇仏派と廃仏派などと別れて対立しないように、最初にも挙げた仏教の制定、憲法十七条、そして遣唐使派遣といった事柄を進めていくことになります。

「仏教の制定」は、蘇我氏が長年朝廷に対して「拝ませて欲しい」と要求し続けていたことですし、聖徳太子自身、「仏教と神道を大事にしたい」と願っていた用明天皇の子供ですから、お父さんの遺志を受け継ぎ、仏教の制定を行っていきました。

そして、聖徳太子を中心にして「十七条憲法」と「遣隋使派遣」が行われるのですが、これは天皇の権力を強めるためでした。

遣隋使の派遣では、こんな逸話が残っています。

遣隋使として派遣されたのは小野妹子という人物なのですが、聖徳太子は小野妹子に「日本からの国書だ」と、隋の皇帝にあてた手紙を渡します。

それがあの有名な「日出処の天子、書を日没するところの天子に致す恙《つつが》なきや」という手紙なのですが、小野妹子がこの手紙を当時隋の皇帝である煬帝《ようだい》に渡したら、なんと隋の煬帝は激怒し、返書を渡さなかったのです。


そこで小野妹子は、帰国してすぐに推古天皇と聖徳太子に謁見すると、推古天皇は、「隋の皇帝からの返書はなかったの？」と妹子に問いました。

返事がもらえなかったなんて二人の名誉のために口が裂けても言えないですよね。

妹子は、「実は帰国する途中、なんと海賊に襲われて、手紙だけ盗られてしまいまして……ですが、こうしてみんな無事帰ることができました」と答えたのです。

推古天皇は、もちろん海賊に襲われて手紙だけ奪われ、しかも無事に戻れるなんて普通ないことくらい気付きます。つまり、返書はなかったということを察します。「そうなのね。無事で良かった」と妹子の内心を理解した返答をしたそうです。推古天皇、めちゃくちゃ空気読めます。

そんな理想の上司、推古天皇でしたが、聖徳太子が亡くなり、叔父の蘇我馬子がなくなり、最後に宝算75で崩御されました。

西暦でいうと628年、日本が始まってからは1288年になります。

土岐総一郎の、ちょっと一言はさませて

推古天皇の時代に仏教・中央集権化の基礎づくり・中国との交流などといった

後につながる様々な政策が行われたことを鑑みると、推古天皇はまさに、時代の変遷に柔軟に応えたと言えます。

この仏教というのは後にもお伝えしますが我々が想像する現代の仏教と違い、どちらかというと行政機関のようなものです。

世のため人のためにまちづくりのための土木や治水工事や戸籍の管理を大陸で勉強してきた人たちが日本のために働いていくための学問、それが仏教だったのです。

推古天皇の時代は間違いなく今の日本史に繋がる大改革の一歩だったと言えましょう。

我々が住む現代日本や現代世界も今大きな変化や転機を迎えようとしていますが、この推古天皇を取り巻く時代に注目することは、現代を生きる我々に何かヒントを与えてくれるのかもしれません。

GREAT PERSON
No.05

［波瀾万丈のアーティスト］大伴家持

ここから時代は奈良時代に入ります。

大伴家持《おおとものやかもち》の時代はなんと建国からもう１４００年近くになるのです。そしてここからは、政治というよりは日本文化というものが花開いてゆく時代となります。

国語の教科書にも載っている日本最古の和歌集『万葉集』。

この編者の一人として知られている大伴家持は、奈良時代の歌人です。

アーティストとして情緒的な人間ではあるのですが、彼の人生も波瀾万丈。

彼は政治家としても、高い位の役職についたかと思えば左遷されたりと、ダイナミックな人生を送りました。

現代においても色褪せない魅力を持ち、後の日本文学や文化にも大きな影響を与え続けている『万葉集』と、大伴家持の生涯について、あわせて見ていきましょう。

「令和」の起源

数年前、福岡県太宰府市にある「坂本八幡宮」という神社が急に有名になりました。というかバズりました。

それもそのはず。坂本八幡宮は、今の元号である「令和」の起源となる和歌が奉納された神社なのです。

そして、その和歌を歌った人物が、大伴家持の父親である大伴旅人《おおとものたびと》なのです。

「初春の令月にして気淑《よ》く風和らぎ　梅は鏡前の粉を披《ひら》き　蘭は珮後《はいご》の香を薫らす」

意味は、

「初春は令月《よきつき》であり、空気は麗しく、風は和らか。梅は、鏡の前のおしろいのように輝き、蘭は白い袋の香のように薫っている」といったところで、この「令月」と「和らぎ」を合わせて令和、という元号になったのです。

大伴旅人がこの和歌を坂本八幡宮に奉納したという由縁が元で、坂本八幡宮は令和のふるさととして親しまれています。ちなみにこの坂本八幡宮の近くに学問の神様で有名な菅原道真を祀った太宰府天満宮がありますが、そちらの方が圧倒的に有名ですね。

家持が歌人となるまで

大伴家持は、718年頃、そんな和歌に秀でた大伴旅人の子として生まれました。大伴氏は、もともと日本古代の有力な氏族であり、特に軍事や政務で重要な役割を果たしていました。家持も、跡取りとして早くから学問を学び、教養を身につけていきます。

家持が10歳のころ、父・旅人が大宰府の長官に任命され赴任し、そして13歳のころには、家持も弟とともに大宰府に赴きました。

大宰府とは、西日本一帯に睨みを利かせ、大陸との外交や防衛に重要な役割を果たし、「遠《とお》の朝廷《みかど》」と称されるほどに権威を持った重要な官庁です。

家持が14歳のときに父・旅人が亡くなります。さらに次いで母も亡くなり、家持は歌人の叔母に育てられました。成長した家持は都で官職に就き、聡明で文学的才能にもあふれる人物として評価されます。

しかしその後は、因幡守や薩摩守など各地の地方官として赴任したり、左遷させられたりと不遇な時代もあり、浮き沈みを繰り返します。重要な官職を務めたりもしましたが、政治家としては成功したとは言えないかもしれませんね。

しかも、なんと、あろうことか亡くなった後に「大伴家持は、藤原種継暗殺事件に関わっていた」ということで、埋葬されることが赦されないという悲しいエピソードがあるのです。結果、古代からの有力氏族であった大伴氏は、没落の一途を辿ることになりました。

しかし、そんな家持が生涯を懸けてやったことがあります。

それが、万葉集の編纂です。

家持自身、万葉集の数ある歌人の中で一番多く和歌を寄せています。その数、なんと473首。では、万葉集とはいったいどんなものだったのでしょうか？

日本最古の和歌集、万葉集のスゴいところ

「万葉集」は、大伴家持が生きた奈良時代末期に成立したとみられる、日本に現存する最古の和歌集です。全20巻あり、約4500首が収録されています。

つまり、一割は大伴家持の歌なのです。


そして驚くべきはなんと！　天皇や貴族だけでなく、下級官吏や農民など、作者不明なものを含め、様々な人が詠んだ和歌がその中に含まれているのです。

万葉集は、上下を問わずあらゆる身分の人々の和歌が集められ、本になっているんです！　こんなの、世界中のどこを探しても見つからないですよ。

歌のテーマは、自然や風景、神話、恋愛、風刺などとても広く、当時の人々の生活や出来事、感情を反映しているので、残っている最も古い和歌集として、日本の文学や歴史、文化を知るうえで、とても貴重な資料です。

万葉集は、年代ごとに第一期から第四期までに区分することができます。それぞれを比べてみると、時代の移り変わりや、人々のあり方や心情の変化などが見て取れます。

一時は高い位の役職に就きながらも、官僚としては不遇だった家持。しかし歌人としての家持は、デリケートで複雑な感情の機微を、彼にしかできない和歌で表現できる、類いまれな歌人だったのです。

そんな家持にとって、万葉集の編纂は、重要でやりがいのある仕事でした。家持は、歌とは伝統詩であり、それが価値あるものとなるためには、歴史の中にきちんと位置づけられるものでなければならない、と考えていたからです。

なので、先人たちの作品を整理し、時代に残していく「万葉集の編纂」という仕事は、自身も歌人である家持にとって、使命ともいえるものでした。

重ねて強調しておきたいのは、万葉集がただの和歌集ではないということです。

想像してみてください。天皇家や貴族の和歌しかない和歌集と、天皇家や貴族、さらには国を守る人や農民、名もなき貧しき人々といった、あらゆる身分の人々の和歌が集まっている和歌集。

どちらがこの時代の日本の様子を、より描けているといえるでしょうか？

明らかに後者ですよね？

このように万葉集というのは、飛鳥時代から奈良時代にかけた日本の様子が知れる、大事な大事な史料なのです。

昔から日本は、地震や台風など自然災害が多く、農業やお米を作ることでお互いに助け合うことが大切にされてきた社会です。他の国のように、国家を築くのは、戦いや征服、制圧ではありませんでした。そんな日本が、助け合いの国家として繁栄するためには、知性が必要です。

そしてそのために重要なのは、教育と教養であるということを、古代の天皇たちは深く理解していたのでした。


古代の天皇たちは、高い文化あふれる国にしていこうと、教育と教養によって国を高めていこうとしました。だから男女ともに、一般庶民でも、地方の民でも、教養があったのですね。

万葉集の時代の本当の姿を、私たちは知りません。現代人からの視点で、古代の文化はそんなに進んでなかったはず、という勝手な思い込みのもとに解釈されているものも多いのではないでしょうか。


万葉集は長い年月をかけて、貴賤もなく、地域も年代も幅広く集められた、膨大な和歌が収録された貴重な資料です。

ただの歌集としてではなく、歌が詠まれ、万葉集が編纂された当時の、文化や精神、人々の想いはどうであったのか、という原点に返って読んでみることが、日本を知ることにつながるのです。

大伴家持がいなければ、現代を生きる私たちは、古代日本の美しさや素晴らしさを知ることができなかったかもしれませんね。


彼が亡くなった9年ののちに、鳴くよウグイス平安京でお馴染みの794年、今でいう京都に平安京が完成します。

そしてそこで世界に誇る日本文化が女性の手によって花開きます。

そう。今なお愛されている日本文学の大成者、紫式部が次の主人公になります。

平安京ができてから200年近く経つ、西暦でいうと1000年ほどの京都です。

日本が生まれて1600年以上。日本は遂にあらゆる国家の夢である「千年の都」を生み出すのです。

GREAT PERSON No.06

［世界最古の女流長編小説作家］

紫式部

長編小説家でありエッセイスト。紫式部《むらさきしきぶ》が書いたのは、なんと全54帖《じょう》にも及ぶ長編恋愛小説――みなさんご存じの『源氏物語』です。

光源氏という希代のプレイボーイが次々と女性を口説いていくという刺激的な内容になっております。日本のオタク文化の初代にして至高とも言えるこの作品は今もたくさんの作家によってリメイクされ愛され続けています。

平安時代末期には、絵巻物という名のコミカライズ（笑）も実現。

現在ではなんと、世界中で30以上の言語で翻訳されているとのこと。もはや大人気漫画と同じレベルですね。特徴としては「かな文字」で書かれている点です。

彼女は、夫を亡くした悲しみの淵で源氏物語を書き始めたと言われています。文才があったので、中宮彰子という貴人の家庭教師をしていました。

今のSNS⁉　激しい日記

源氏物語以外にも、この時代は日記なども盛んです。紫式部もこの当時日記を残していて、仕えている道長の悪口ともとれる内容を残しています。

清少納言への熱き悪口なども書かれていて、当時の炎上は貴族たちの間の格好の話題になったと考えると、日記は当時、現在のSNS文化の代わりを果たしていたと捉えられるのかもしれません。その内容はこんなものです。

「あの清少納言という女は利口ぶっているけど、知識はまったく穴だらけ。間違いだらけ。こんな人の将来なんて全然良いと思わない」

「人と違ったことをやっていこうと思ってるうちにどんどん劣化していって変人になるだけ。変なことばっかりやって、感受性があるフリをして変わり者を気取っているけれど、そのうち嘘がバレて、将来ダメになるに決まってる」

……すごいですね。ボッコボコです。

奇抜さを狙ったバズ狙いのＳＮＳのインフルエンサーに対して思っていることを千年前に代弁してくれているかのようです。――私も思っている、とは言ってませんよ。念のため。主語がなくても察することができるのが日本語の素晴らしいところですね。受験生を苦しめる古文に主語がない日本語の風潮は、こんなとき、現代でも役に立ちますね。

ただ、紫式部は直接的に清少納言をなじっていますが……。これは、清少納言がこれまた有名な「枕草子」という清少納言が書いた日記の中で、紫式部の夫が死んだすぐ後に批判的な内容を書いたため怒って書いたと類推されるようです。

清少納言の日記も紫式部の日記もかなり日常に、仕事に、男性に女性にと批判的な内容が多く、まるでコンビニの本のコーナーにあるママ友や職場の不満集マンガに共通する何かを感じます。

この時代、清少納言、和泉式部と女流作家がたくさん出てきますし、女性のペンネームで活躍する男性も出て来ます。

それが紀貫之《きのつらゆき》です。

「男もすなる日記というものを書いてみる」と、女性のふりをして書き始めるのです。

現代でも、漫画家や小説家でたまに「え？　この人女性だったの!?」とか「男性だったの!?」ということがありませんか？

ネカマというネットで女性のフリをする文化がまさか平安にまで遡ると思うと、人間って変わらないなあと少し可笑しくなると同時に安心しませんか？

土岐総一郎の、ちょっと一言はさませて

万葉集、源氏物語、紫式部日記や枕草子など、平和な時代にはその国の独自の文化が花開くと言われています。

特に平安時代の貴族たちは、歌を贈り合ったり日記を書いたりと、現代の日本人のチャットやブログ、YouTubeなどと本質的に同じことをしていました。今と同様、政治的なリーダーたちと肩を並べて市井の人が歌を読み、文章を書く。そんなことが日常的に行われていたのです。

そしてこの後は、哲学的な思考や価値観というものに大変革が起こります。その役目を大きく果たしたもの、それは仏教です。

ここからは「日本人の考え方」というものの大きな土台ができる時代に突入します。それが今からお伝えする仏教の変化です。

実は仏教という概念は先述した通り、官僚養成的な面が大きくありました。なんなら民間人には仏教は教えてはならない、という決まりがあったくらいなのです。

日本の仏教を変えた革命家である法然を紹介する前に、ちょっと一言のスペースで、日本の民間仏教の基礎を作った二人を紹介しておきます。

それは空海と最澄です。二人が活躍した年代は、大伴家持が亡くなったすぐ後の平安初期になります。

空海も最澄も遣唐使として大陸に派遣されています。

この時の仏教というものは、具体的に現実に立ち向かうものとして取り入れられていると言えます。たとえば、満濃池《まんのういけ》という香川県にあるため池が洪水により壊れて田畑がダメになっているのを、帰国後の空海が修理しました。

その時に使われた技術は現在で見ても理にかなったもので、堤防をアーチ型にするなど、様々な技術が使われています。

この工事はなんと2ヶ月で終わったとされているのですが、大手ゼネコンの試算だと、当時の技術では9ヶ月はかかると言われています。

それをイチから造った空海はすごい！

今でも国内最大級のため池として生活を支えているのです。

空海は実に多彩な人物で、温泉を掘り当てたり、天文学、医薬、そして書道も天才とされていました。「弘法も筆の誤り」の弘法大師とは空海のこと。書の天才の代名詞として使われています。

そして最澄は、日本仏教の父とも言える人。

空海の場合、遣唐使は私費での留学でしたが、最澄は国費で留学する超エリートでした。元々国を護るという使命を持っている最澄が開いた比叡山延暦寺は、存在そのものが日本仏教の母と言えます。

最澄は僧の教育制度として今で言う国家資格制度を扱うことを天皇にお願いしています。僧という、国を救う人間を作るための教育制度の改革を求めていたわけなのです。

そんなわけで、この後に出てくる法然・親鸞も、天台宗のお山、延暦寺で修行しています。比叡山延暦寺にお参りすると、たくさんの日本仏教の大スターたちの逸話を勉強することができます。

こうして見てみても、日本の仏教というのはすべてがバラバラのものではなく、国のシステムの中で息づいてきたものであり、国を護り治めるための「学問」として発展してきた様子がよくわかります。

今回は一言が長くなりましたね。
その比叡山が生んだ、民間に仏教を伝えてきた人たちを今から紹介します。
日本が生まれて1800年。
やっと民間に仏教というものが浸透しはじめます。

GREAT PERSON
No.07

［日本の仏教を変えた革命家］
法然

法然《ほうねん》は、平安時代末期から鎌倉時代初期のころの僧であり、浄土宗の開祖です。

それまでとどう違うのか？　というより、むしろ私たちの知っている仏教にとても近くなったのが、法然とその弟子の親鸞の時代からではないかと思います。

それ以前の日本の仏教は、繰り返しになりますが律令社会を肯定・安泰にするためのシステムでした。

そもそも宗教という言葉自体がなかったわけなので、我々が今日想像する宗教というより仏法というルールのようなものだったと考えるほうが自然です。仏法によって国を鎮め護る、という神道にはない「人」を律するために取り入れたというものでもあります。

僧侶も、国家の安泰を祈ることが主な役目で、国家に仕える公務員であり、エリートです。当時では相当な特別待遇である「大陸に渡る」といったことにおいても、なぜ僧が選ばれるのかといえば、国のために役に立つことを仕入れてくるのがメインだからですね。

まさに空海もそうですが、公共事業をするなど技術伝道者の側面もあったほどです。行基なども橋をかけたり、資金集めや資材集めをしたりで有名な人なのです。

757年施行の「養老律令《ようろうりつりょう》」の中には、そもそも民衆に直接仏教を伝えてはいけないという決まりさえありました。

しかし法然上人が説いたのは、貧しい者も、無知なる者も、悪事をなした者も、それまでの仏教では対象とされてこなかった女性をも、すべての人を救済の対象に含む、平等性の強い教えでした。

「南無阿弥陀仏」を唱えるだけ、という行《ぎょう》は易しく、誰でもできるものです。阿弥陀如来の本願は、すべての人を平等に往生させることである、という信念があったのです。

法然上人以前にも民衆の中に入っていく僧は存在はしましたが、政府に弾圧されてきました。時代は進み社会は変化し、法然上人によって仏教は、「社会の仏教」から「民衆の仏教」になったのです。

「南無阿弥陀仏」を唱えることによって、誰でも救われて極楽へ行くことができる。苦行（自力）は必要なく、阿弥陀仏の力によって救われる（他力）のであり、ただ念仏を唱えることが重要（専修念仏《せんじゅねんぶつ》）――。

そんな法然は、最澄の開山した比叡山で修行をしました。

この時代以降の有名な僧侶はほとんど比叡山で修行したといっても過言ではありません。法然、親鸞、臨済宗の栄西や曹洞宗の開祖の道元、日蓮宗の開祖の日蓮、時宗の開祖の一遍など教科書で習うような平安後期～鎌倉以降の高僧のほとんどは比叡山出身なのです。

先ほどの性質の話から言うと、国家公務員になるための最高峰の大学のようなものだったわけですね。

では法然は立身出世のために比叡山に登ったのか、というとむしろ環境によるところが大いにあるようです。

謙虚なスーパーエリート

9歳の時に父親が亡くなります。それは病死ではなく殺されたようなもので、いまわの際の父が法然に「敵を恨んではいけない。敵討ちをしようとすると、その者の子供がまたお前を恨んで同じことが繰り返される。出家して私を弔ってくれ」と伝えたのです。

この父は押領使《おうりょうし》、母は秦氏君《はたうじのきみ》でした。押領使とは、警察業務を司る下級官吏で武士のようなものです。

もとを辿ると、父方は漆を扱い、母方は織物を扱う、ともに職能の民で秦氏の一門であったようです。

ここで、本書の序盤で出てきた応神天皇が受け入れた移民、「秦氏」が出てきましたね。秦氏と言えば八幡神社。八幡神社といえば武士です。

9歳で親を亡くした法然は、10歳で母方の叔父である観覚《かんがく》という名の僧がいる寺に入ります。観覚は法然の才能を見て、学問の本山である比叡山で学ばせることにします。つまり、悲運な環境が彼を仏門に入れ、才能があったから結果的に比叡山に修行にいったわけです。

お釈迦様の教えのすべてを収めた「一切経」(7000巻以上ある)を蔵にこもって、3回繰り返し読んだというエピソードがあります。学びを極め、比叡山ではすでに法然上人ほど仏教に詳しい人はいない、と言われるまでになります。

つまり、「念仏さえ唱えればいい」と簡単な教えを説いていた法然は、実は仏教の学問的にいうとスーパーエリートだったということなのです。

そんな彼が、自分のことをなんと言ったと思いますか?

彼は自分のことを、めちゃくちゃ勉強しても結局、仏教理解が低い「凡夫」と称しました。なんという謙虚。

この時代は、平安京というオシャレで雅《みやび》な時代から、争いの絶えない無骨な鎌倉に向かう、争いの絶えない時代になっていきます。

不安のある時代に修行に専念するなどは、一般の人にはできません。ましてや自分もそれでは悟れないということを悟ったのでしょうか。

「浄土宗」というのは「南無阿弥陀仏」と唱えることで極楽浄土に行けるという非常にわかりやすいものでした。妻帯もオッケーですし、肉を食べることも許されました。そして、日本仏教で初めて一般の女性に布教したのも浄土宗です。

超エリートだった法然はそんな時代にあって、国との関係を断ち切り、一人一人の救済に人生を懸けたわけですね。

源平の戦乱が起こり、戦乱の世が続き、各地で天変地変も起こりました。多くの命が失われ、混乱し、人間の世界の無常を痛感するような時代のなかで、法然上人の教えは大変な人気となりました。

迫害や流罪など、波瀾万丈が故か、法然自身が造ったお寺はありません。

これまでの勢力に認められず、迫害や流罪に遭ったのです。79歳で流罪を解かれ、亡くなった年齢は80歳。かなりハードな人生でした(後述しますが、同時に弟子の親鸞も流されています)。

現世に残る極楽浄土!?

ところで「浄土」ってなんでしょう?

イメージできますか?

なんか天国みたいな所なんでしょうか。

天国も行ったことないからわからないですね。

しかし実は、結構身近なところに「浄土」を描いたものがあります。

おそらくは皆、見たことがありますよ。それは一体なんだか、考えながら読み進めてみてくださいね。


法然以前にも「浄土信仰」というものは存在しました。

法然上人の師の叡空《えいくう》は、「浄土信仰（浄土教）」です。

浄土信仰とは、阿弥陀仏の救いを信じ、死後は極楽浄土への往生を願うものです。

法然上人と叡空の思想は、どちらも阿弥陀仏を信仰することで極楽往生を説いている、というのは同じです。


違うのは、「念仏」の方法です。

浄土信仰（浄土教）の念仏は、「観想念仏」というものでした。「観想念仏」とは、ひたすら極楽浄土のことを考えるという念仏です。「思考は現実化する！」といった感じで、どんなときでも極楽浄土と阿弥陀仏のことを考える。目を開いていても閉じていても極楽浄土と阿弥陀様が目に映るようになり、死んだときには必ず阿弥陀様が迎えに来てくださるという教えです。

常に極楽浄土をイメージするために、当時の貴族たちは、極楽浄土を模した寺院を造ったり、高価な仏画・仏像を身近に置いたりして、それを眺めることで観想念仏の助けとしていました。

さらには、こうした行いができなくても、寺院に多額の寄付をすれば極楽浄土に行けるということで、日本の仏教美術が大いに発展しました。

「観想念仏」で極楽浄土のイメージを描くために、貴族たちは、実際に造形化するということを行いました。

絵画や仏像だけでなく、建築や庭園、お香や音楽も、色彩豊かに極楽浄土を描くために工夫され、表現も技術も発展。

平安時代の浄土教の芸術的大傑作の一つが、京都の「平等院鳳凰堂」です。

そう、あなたのお財布の中の10円玉に描かれている、アレです。

あれが、浄土の象徴なのですね。

親鸞の住んでいた吉水草庵では、身分も男女も関係なく、みんな集まって教えを聞きました。法然上人は、無知な人々にも分かるように、やさしい言葉で教えを説きました。

しかし、他宗派からは敵視され攻撃されることも多くありました。

1207年、後鳥羽上皇の女官二人が、朝廷に断りなく浄土宗に出家してしまいます。これに上皇が怒り、直接関与した者は死罪になるなど厳しい処分が下され、法然上人も流罪とされてしまいました。

GREAT PERSON
No.08

［偉大な仏教大成者］親鸞

親鸞《しんらん》は、法然の弟子の一人であり、浄土真宗の開祖と言われています。法然の教えを継承し、「どのようにして仏教を生きることができるのか？」と、生涯を仏教の実践に使い、他力の仏教を完成させました。

浄土真宗は、親鸞自身が教団を立ち上げたわけではなく、親鸞を宗祖と仰ぐ教団です。現在、浄土真宗は主なものだけでも10派あります。

なかでも規模が大きいのが、東本願寺（真宗大谷派）と西本願寺（浄土真宗本願寺派）です。解釈や作法など、それぞれ微妙に異なっていますが、浄土真宗は、寺院数も信徒数も日本で一番多い宗教です。

親鸞の生涯は不明なところが多いのですが、一般的に言われていることを紹介していきます。

親鸞は、1173年に京都で生まれました。父は日野有範《ありのり》で、貴族の家柄です。源平の戦乱や天変地異、飢餓が多く起きた動乱の時代、父を4歳で、母を8歳で亡くします。9歳のときに出家し、比叡山延暦寺で修行を始めました。

そして親鸞は、比叡山で修行に励んでも、煩悩が消えないことに悩んでいました。加えて、比叡山は政治権力とも密接で、ここに自分が求める仏教はないと、29歳の時、比叡山から離れる決意をします。

京都の六角堂に百日間こもったあと、東山吉水にいた法然に、専修念仏の教えを学び、法然の弟子となります。

六角堂に籠る中で、救世《ぐぜ》観音が夢にあらわれます。六角堂は聖徳太子の創建で、聖徳太子は救世観音の化身と考えられていました。救世観音のお告げは次のようなものでした。

「仏道修行者が妻帯して道を歩もうとするならば、観音の私がパートナーになりましょう。一生の間、夫を導いて、臨終には極楽浄土に連れていきましょう。これは私の誓願です。この誓願をすべての人に伝えて欲しい」

女性をパートナーにしてもいい！

これは、当時としてはセンセーショナルな教えでした。

仏教には、僧は女性に触れてはいけないとする「一生不犯《いっしょうふぼん》」という原則があります。僧侶が守るべき戒律があり、戒律を破ったものは破戒僧として糾弾されました。

しかし、観音様は、妻帯OK、しかも自分の誓願であると皆に教えて欲しいと伝えているのです。

その後、法然のもとで他力の教えに触れ、これが救世観音の誓願が実現できる道だ、と法然の弟子になりました。

女性と仏教

親鸞は日本の僧侶として初めて結婚しました。結婚の時期は不明で、妻は恵信尼《えしんに》又はもう一人（玉日《たまひ》）いたという説もあります。初めてなのに二人説がある……。やりますね、親鸞。とはいえ、それまでも隠れて事実上の妻帯をしている僧はたくさんいました。しかし親鸞は結婚を公表する、という決断をしたわけですね。

法然は「南無阿弥陀仏」と称えるだけで、すべての人が救われると説きました。それまで差別されていた女性も含まれるということです。弟子である親鸞は実際に結婚し、公表しても優れた仏教者であり続けたことで、新しい教えを、女性差別のない仏教を、人生をかけて実践したのです。

親鸞は、救世観音のお告げから、妻のことを観音様の化身と見ていました。妻も、親鸞を観音様の化身と信じていた、ということを手紙に残しています。実は男女差別なく、夫婦がお互いに相手を観音様の化身と見て夫婦一緒に極楽往生するという仏教は、世界でも初めての新しい仏教なのです。

しかし専修念仏の教えが弾圧に遭い、師の法然が讃岐国へ流罪となります。親鸞は越後へと流罪となりました。40歳の時、師の法然が亡くなっています。

流罪が解かれ、1年後に法然が亡くなった後は、関東各地で約20年間にわたり布教しました。

越後や関東で多くの人に専修念仏や他力の教えを説いた親鸞は、妻帯しながら現実社会の中にあって仏道を歩む、という生き方を実践します。この生き方を非僧非俗《ひそうひぞく》、「僧にあらず、俗にあらず」と呼びます。

法然は、対面で教えを説くことを大切にしましたが、親鸞は、理論を体系化し、書き残すことも重視しました。『教行信証《きょうぎょうしんしょう》』が、親鸞が書いた本です。

西暦1263年に親鸞は亡くなりました。

のちに遺骨は大谷祖廟《おおたにそびょう》に納められました。この廟堂《びょうどう》を、ひ孫である覚如《かくにょ》が本願寺という寺にして、教徒をまとめました。なぜこの話をしたかというと、この本願寺が、のちに信長（121ページ参照）の天下統一の最大の障害になるのです。

親鸞が88歳の時に書いた言葉が「自然法爾《じねんほうに》」。

意味は「あるがままに」。Let it be. を思い出しますね。

人間は無力であり、いくら努力しても救われないのなら、仏様に「おまかせ」するしかない。その時々にあらわれることは、すべて仏様のあらわれ。自分の「はからい」ではなく、あるがままに、すべておまかせするということです。

親鸞の最後の境地です。他力とは、最終的にこのような生き方だということです。

法然という師匠の教えを、純粋に受け継いでいるように思えますね。

土岐総一郎の、ちょっと一言はさませて

革命的だった親鸞の教えがわかりやすくまとまっている『歎異抄《たんにしょう》』について、ぜひお話しさせてください。

『歎異抄』は、親鸞入滅後に、弟子の唯円《ゆいえん》が親鸞の教えを書き残したものです。親鸞の言葉や思想が理解しやすいようにまとめられています。

その中で一番有名なものを紹介します。

「善人でさえ救われる、まして悪人はなおさらだ」

・善人とは……自分で修行して悟りを開ける人。
・悪人とは……それができない人、煩悩に勝てずその自覚を持っている人、商人や猟師など。

あらゆる煩悩を持っている私たちは、どのような修行をしても迷いからは逃れられません。悪人とはすべての「人間」のことを言っています。

煩悩まみれの人間をすべて救ってくださるのが阿弥陀様です。その阿弥陀様を信じて頼る（他力）ことを教えています。仏の目から見ればすべてが悪人であるのに、自分自身は善人であると思っている傲慢さはどうなのか、という問いもあります。

また、殺生をする職業や、低い身分など、当時の一般的な社会通念に縛られ、差別されていた人々に対しても道を開いています。阿弥陀様にすべておまかせするという他力本願の教えです。

なんだか思考停止に見えますか？

私もそう思っていましたが、『歎異抄』を読んだらイメージがガラっと変わりました。考え尽くされた先にある内容だと気づくはずです。

ここまでこの本を読んだあなたは既に日本の歴史に通じはじめています。背景がわかった上で読むと全然入ってくるものが違うはずです。

漫画でも出ているのでオススメです！　ただ「なんか宗教の話だ～」と思って遠ざけるのは非常にもったいないです。一読いただければ、日本人の価値観に大きく作用してきたと私が言う理由もわかるはずです。

さて、ここからは武士の時代に入っていきます。

平安の時は過ぎ、武力というものに翻弄される中で、「源氏」や「平氏」など、聞き覚えのある名字が出てきます。

一体武士とはなんなのでしょうか？

その方向性を決定づける人が、次に紹介する源義家です。

GREAT PERSON No.09

［武士界のスーパーヒーロー］
源義家

源《みなもとの》義《よし》家《いえ》は、武士界のスーパーヒーローで武芸の神様と言えます。

彼の存在が、ラストサムライならぬファーストサムライとも言える源頼朝へとつながる、忘れてはいけない人です。

しかしまずは、そもそも「源氏」とはなんなのか？　というところから紹介したいと思います。

源氏のルーツ——そもそも源氏とは何か

平安時代、皇族のうち源の姓をたまわって臣下になった一族。嵯峨・清和《せいわ》・宇多《うだ》・村上などの源氏《げんじ》があります。

源氏の系統は、天皇別に21系統あるとされています。

実は私、「土岐」という名字も源氏の一つ。土岐源氏は、この後の室町時代にはなかなかビッグな名前だったんですよ。

そのうちの一つで最も有名なのが清和源氏であり、義家、頼朝に連なります。

清和源氏は、清和天皇の孫が臣籍降下をし、源姓を与えられたところに始まります。源氏は武家として栄えていき、源頼朝だけではなく、足利尊氏、徳川家康など、教科書に出てくる重要人物を多数輩出しました。

臣籍降下とは、皇族がその身分を離れ、姓を与えられ、臣下の籍に降りること。なので、祖先が皇室にあるということですね。

ちなみに、平氏も臣籍降下により平の姓を与えられた一族です。

八幡太郎・源義家

はい、出ました「八幡」。この本の前半で出てきましたね。

そう、神功皇后と応神天皇です。ここで色々回収されますよ！

源義家の祖父は、河内《かわち》源氏の祖・源頼信です。清和源氏の中で、河内国（現在の大阪府の一部）を拠点にしたので河内源氏と呼ばれます。父は源頼義。母は平直方《なおかた》の娘。つまり、源平両方の血を引いています。

頼信の時代、賜姓《しせい》皇族の武士は、諸国へ行政官として派遣され政務にあたっていました。国司《こくし》と言います。今で言う都道府県知事のような役割です。その国司として赴任した先々で源氏や平氏が土着していき、各地に勢力を広げていくことになります。平直方が頼義の活躍を見て娘婿とし、本拠地である鎌倉を譲りました。これが、源氏の東国進出のきっかけとなっていきます。

義家は、石清水八幡宮（京都府八幡市）で元服し、「八幡太郎」と名乗りました。八幡様は戦の神様です。源氏の氏神様は八幡様、つまり、応神天皇と神功皇后なのですね～。二人の名前を覚えてない人は、ここにしおりを入れて、神功皇后（24ページ）に戻って読み返してくださいね！

父・頼義が陸奥守に任命され、義家も父とともに、「前九年《ぜんくねん》の役《えき》」に参戦します。朝廷の命により、陸奥（東北太平洋側周辺）の豪族・安倍氏を討とうとする戦いです。苦戦しますが、出羽（東北日本海側周辺）の豪族・清原氏を味方につけたことで勝利します。

当時、東北地方の民は、中央からの国司による圧政や横暴により搾取されていました。「前九年の役」は、安倍氏が中央の搾取に反乱を起こしたため、朝廷が源頼義を派遣したものです。

安倍氏も清原氏も、もともと東北地方の民です。源氏は、安倍氏のライバルであった清原氏を利用する形で巻き込み勝利しますが、朝廷は東北地方の実質的な利権を、源氏ではなく、清原氏に与えます。

東北地方は、砂金が採れ、弓矢の矢羽に必要な鷹も多く、良い馬も産出するので、武士にとっては非常に豊かで魅力的な土地でした。源氏は、東北の利権を手にすることを期待していましたが、朝廷が源氏の勢力拡大を阻止しようとしたため、戦に勝利しても利権を手に入れることができなかったのです。これ以降、東北一帯の覇権が、義家と義家の子孫たちの悲願となりました。

平安ラップバトルと武士の情け

この時代の武士の文化を象徴するエピソードがあるので紹介します。

前九年の役の時の話です。

義家は、馬で逃げる安倍の大将、安倍貞任《さだとう》に向けて、

「衣のたてはほころびにけり」（衣の縦糸がほころぶように、衣川の館は滅んでしまったぞ）

と、下の句を読みました。なぜこのような声をかけたのか。これ、相手からすると、言い返せなかったら言葉でも言い負かされたことになってしまうんですよね。もう教養でもメタメタにしてやる！　というかコレに負けたら不名誉だから観念せい！　ということでしょうか。

さながら、現代で言うラップバトルの様相です。衣川の「衣」と「ほころぶ」が、音感的にも意味的にも上手く掛かっており、結構美しく煽《あお》れました。

さあ、貞任はどうするか。振り返って、

「年を経し糸の乱れの苦しさに」(年月を経た糸にはみだれがあるので、衣川の館も年月のほころびにより耐えられなかった)

と、「上の句」を詠んで返しました。

これはどういうことかというと、「誰でも年齢は重ねる。そうなってくると衰えや乱れはあるので、世の摂理としてこういったことは起こるんだよね」と、世の中の真理を衣の性質に掛けて伝えたのです。義家の下の句調子の七・七に対して、五・七・五の上の句をつけました。

これは見事な返しです。若者だった義家はこれを聞いて、構えていた弓を下ろし貞任を逃がした、というエピソードがあります。

まさに武士の情け。本来なら討たなければいけないわけですが、自ら仕掛けた歌詠み合戦に負けたため、その場で討つのをやめたのですね。

このあと義家は諸国の国司を歴任したり、京で天皇の護衛を務めたりと、宮廷武家として活躍しました。

「部下想い」の基本を作った八幡太郎

「前九年の役」の後、清原氏が東北地方を支配していましたが、義家は1083年、陸奥守に任命され、清原氏の内紛に介入します。清原氏兄弟間の争いの中で、清原清衡《きよひら》に味方し勝利します。

義家はこの戦いで、虐殺や残忍な刑、老若男女問わずの惨殺など、残酷な行いをしました。これにより、貴族からは「多く罪なき人を殺す」、民衆からは「八幡太郎は恐ろしや」と言われることになりました。

後白河法皇編纂の歌謡集『梁塵秘抄《りょうじんひしょう》』の中で、次のように詠まれています。

「鵟《おおとり》の棲む深山《みやま》には　なべての鳥は棲むものか　同じき源氏と申せども　八幡太郎は恐ろしや」

おそらく源氏の人が詠んだのでしょう。「同じ源氏だけど義家めっちゃ怖い」という詩ですね。

朝廷は「奥州合戦停止」の命令を出したにもかかわらず、義家は従わなかったため、この戦いは義家の「私戦」とされました。義家の残忍な行いからも、東北地方の覇権をねらい、また清原氏に対する私怨に基づくもの、という見方がされています。

義家の功績は認められず、東北地方は清衡によって統治されることになりました。清衡は、実父の藤原姓に戻し、ここから奥州藤原氏の栄華が築かれていきます。

私戦とされたために、朝廷からの恩賞は何もなく、義家は部下たちには私財を投じて報いました。これにより、義家に対する信頼や忠誠心は高まりました。私的な主従関係や同盟関係が強化され、武家の棟梁として名を馳せるようになったとされます。

なんか「サムライの文化」という感じがしますよね。

その後は、戦の間の納税が滞っていたため、昇進もできずその借金を返しながら、京で宮廷武家として過ごします。学問にも通じ、碁を打ち、歌を詠み、文武両道の名将でした。二度の戦により、恐れられながらも「天下第一の武勇の士」と讃えられ、貴族社会においても清和源氏の存在は大きくなっていきました。

しかし兄弟仲は悪く、特に弟・義綱とは、中央政界の事情もからみ対立しました。

借金完済後昇進し、１０９８年、院の昇殿を許されることになりました。武士が殿上の間に昇ることを貴族たちはよく思わなかったようですが、形だけは、義家は貴族と肩を並べるまでになりました。

義家には４人の息子がいましたが、次男三男が騒乱を起こすなど、一族内の紛争に悩まされながら死去します。１１０６年。日本ができて１７６６年ですね。

その後も源氏一族の内紛が続き、源氏は急激に衰退し、平氏が台頭します。

しかし、この間にも義家の伝説や説話が語り継がれていきます。

藤原宗忠の日記『中右記《ちゅうゆうき》』の中では、「武威《ぶい》天下に満つ、誠に是れ大将軍に足る者なり」と書かれています。

その通り、義家は、弓馬の達人であり、人並み以上の腕力や、優れた運動神経、判断力や精神力を持ち合わせていました。しかも合戦の戦術にも優れ、部下の統率にも能力を発揮。武的能力の優秀さが称賛され、武士であることそれ自体が、一般の人々とは異なった技能を持つ存在として畏怖されました。

義家の子孫である源頼朝の時代には、義家は「清和源氏の英雄」として、武将の理想像となっていました。
仕事・教養・部下への思いやりが理想の上司の条件なのは、この頃も同じです。

土岐総一郎の、ちょっと一言はさませて

納豆の歴史や起源は諸説ありますが、義家が由来という説もあります。
東北地方への戦の際、馬の餌として大豆を煮て乾燥させたものを、俵に詰めて馬の背に載せて運んでいました。戦が長引いて餌が少なくなったため、近くの農民たちに大豆を差し出すように命令しました。
本来であれば大豆を煮た後、冷まして乾燥させるのですが、急いでいたので、十分に冷まさず、乾燥もしないまま、俵に詰めて移動を開始。
38度前後の馬の体温により、俵の藁に付着していた納豆菌が活発に繁殖し、煮

豆が発酵し、糸を引く納豆の原型のようなものができたそうです。

しかし……そんな状態でよく食べましたね。初見でそんなネバネバしてるものを食べる武士の豪胆さがすごいです。食べ物が腐っている、という知識は絶対にあるはずなのに、鈍感なのか男らしいのか、言葉に困ります。

しかもこれが事実なら、馬の餌なのに、自分が食べたってことですからね。

義家が京から東北地方で行軍したルートに沿って、義家と納豆の伝説が多く残っています。現在の納豆製造も北関東から東北で盛んなのは偶然ではないのでしょう。意外と新しい食べ物って、作る勇気よりも食べる勇気から生まれるのかもしれません。

さて、おそらく源氏で最も有名な人といえば次の方。

義家の子孫、源頼朝とはどんな人だったのでしょうか？

GREAT PERSON
No.10

日本ができて1800年

［モテモテプリンスは恐妻家］

源頼朝

源《みなもとの》頼朝《よりとも》は、奥州藤原氏を滅ぼし、義家以来の悲願であった東北の覇権を手に入れ、武士の頂点に立った人物です。

平家を倒したことで全国を支配したイメージがあるかもしれませんが、実は前述の通り、源氏の悲願は東北にあったのですね。こんなことを知っているのは相当な通ですよ。よっ、歴史通！

初の武家トップ・頼朝はモテモテプリンス

さて、すべての武士を従わせた源頼朝ですが、唯一奥さんである北条政子さんには逆らえなかったということ、あなたは知っていましたか？

源頼朝の歴史は、「平治の乱」という源氏VS.平氏という争いからスタートします。源頼朝のお父さんである義朝《よしとも》が、平氏のリーダー平清盛に勝負を挑んだのです。しかし、父・義朝は清盛に負けてしまい、平安京から一族共々、落ち延びることになってしまいました。

しかもあろうことかこの時、幼い頼朝少年は、なんとお父さんたち大人とはぐれてしまうのです……。

結果、お父さんたちは信頼していた人物に裏切られて亡くなってしまい、幼い頼朝少年は平家に捕らわれることになります。頼朝は義朝の息子だったため、清盛は「今後平家に刃向かう恐れがあるから処刑する」という方針を持っていました。

しかし清盛の母池禅尼《いけのぜんに》が、「この子はまだ幼い。あなたの亡くなった弟にスゴく似ているから殺さないで。せめて都から遠い離れた土地に流刑にして」と清盛に懇願します。

その結果、頼朝は関東の伊豆に流されることになるのです。頼朝はモテモテエピソードが結構あるのですが、既に女性に好かれる片鱗がここに見えます。

頼朝が伊豆にきてだいぶ年月が経ち、その間に何が起きたかというと、少年頼朝がイケメンの青年頼朝に進化したということです。

何せ頼朝は、もとは源氏のプリンスですから、田舎の女の子たちの憧れの的、つまりモテモテだったわけです。そんなモテモテ頼朝は、自分の見張り役をしていた伊東《いとう》祐親《すけちか》の娘と相思相愛の間柄になり、子供までできちゃいます。これが悲劇の始まりでした。

なんと伊東祐親は、娘と頼朝との間にできた子供、いわば自分の孫を、崖の上から落として殺してしまうのです。

伊東祐親は、平氏から「頼朝を見張れ」と言われていますから、つまり平氏の味方なのです。だから、「こんなことが清盛様に知れ渡ったら、伊東家は潰れてしまう」という恐怖にかられ、自分の孫を殺してしまったのです。

当然、伊東祐親は、娘と頼朝の仲を赦すことはなく、頼朝と伊東祐親の娘は引き裂かれます。

次に頼朝と恋仲になるのが、伊東氏に並ぶ伊豆の豪族だった北条時政の娘、政子でした。政子にいたってはなんと、時政の反対を見越して、時政が京都に行っている間に頼朝と恋仲になったのです。

しかし当然ながら、京都から帰ってきた北条時政は、頼朝と政子が恋仲になっていることを知ります。そして時政自身も伊東祐親同様、「平氏から目をつけられるのは嫌だ」ということで、政子と頼朝を引き離すため、政子を、平氏の一族であった山木兼隆と結婚させようとします。

しかし政子は、結婚式をボイコットして頼朝の元へ逃げ延びてきます。実はこの時、頼朝は何もしていません。この時代に親に反対して恋愛結婚を貫いた政子さんはすごい。この出来事がきっかけで時政は、頼朝と政子の仲を認め、二人は結婚することになりました。

そして頼朝は、政子との結婚のおかげで、北条家の後ろ盾を手に入れることになったのです。この北条家の後ろ盾をきっかけに頼朝は、打倒平家の道へと突き進んでいきます。

妻・北条政子のかかあ天下

紆余曲折ありながらも頼朝は、政子の献身的なサポートや関東の武士団の支持を得て、鎌倉で一大勢力を誇るようになりました。

そして政子も、頼朝と一緒に鎌倉に住むようになりました。

しかし、やはりモテモテ頼朝はいつまで経ってもモテるんですね。

あろうことか頼朝さん、政子さんが妊娠している最中に浮気するんです。

まあ、この時代は結婚しているから浮気、という概念はありませんが、嫉妬は全時代共通。一夫多妻制でも関係ないですね。

この時、頼朝さんは「亀の前」という女性にご執心で、これに政子さんは怒り、なんと亀の前が住んでいた家を別の人に命じて破壊してしまうのです。

これにはさすがに頼朝も政子さんに怒り……とはならず、政子さんに頭の上がらない頼朝さんは政子さんを罰するのではなく、家を破壊した張本人を辱めて、罰するということをするわけです。

もはや、政子さん、頼朝さんよりも偉くないですか？　こういうかかあ天下というのは、実は武士文化に結構多いんですよね。日本というのは、いかに天照大神をはじめとした女性文化であるか、というのも大きな特徴なんです。源氏の氏神様である八幡様も「神功皇后」ですよね。神功皇后こそが三韓征伐、熊襲の平定という武の神様なので、昔から日本は女性を崇拝する傾向にあります。

政子さんの尻に敷かれまくっている頼朝さんでしたが、この頃から戦場のほうは戦争の天才である弟の義経に任せるようになり、自分は朝廷や奥州藤原氏やその他の勢力といった相手に対する政治工作に奔走するようになります。

頼朝さんは、自分の地位を固めることや他者との外交や折衝に秀でていたんですよね。だから、「俺は、鎌倉でもっとも偉い人間、鎌倉殿だ」と打ち出して、鎌倉中の武士をひれ伏させることに成功しているんです。

そしてこの後、源義経と源義仲の登場によって、平氏は平安京を捨て去ることになります。すると、源氏の中で頼朝・義経と義仲の対立が浮き彫りになっていきます。

策略の天才

義仲は頼朝の「いとこ」です。義仲は10万とも言われる北陸平氏を破り、京都にそのまま進軍するという破竹の勢いで頭角を現している武将でした。

もちろん義仲は頼朝の親族ですし、源氏の再興のために働いてはいるのですが、そこは戦国。いつ身内に追い落とされるかは常にわかりません。

いわば、源氏の中でのトップ争いです。そしてこの時、頼朝の政治に対する天才性が発揮されるのです。

京都に着いた義仲は、京都そのもの、つまり平安京の警備の業務に任命されました。そこで頼朝は、義仲の勢力を弱体化させるために、後白河法皇という人物に目をつけたのです。「後白河法皇は、義仲に対して一時的には丁重に扱われるが、しかし義仲は平安京のマナーや作法を知らない田舎武士だから、平安京の統治には失敗するに違いない」と予想したようです。

後白河法皇が義仲に対して不満をつのらせたタイミングで、こっそり義仲追討を提案。乗ってくれたら天才・義経に命じて、義仲を京都から追い出すプランを提案しようと計画します。そして、事実この通りになったところに、頼朝の政治の天才性が垣間見えます。

実際、この後に義仲はどんどん立場が悪くなって、義経に対して「義仲追討の院宣」が出され、義経は義仲を討ち果たし、源氏の中でのトップ争いは頼朝の勝利となりました。あとは、平家を滅ぼすだけ。

もう一つ、先ほど出てきた奥州藤原氏という勢力がいたのですが、奥州藤原氏の藤《ふじ》原秀衡《わらのひでひら》は、元々は義経を匿っていたことがあったりと、源平合戦の時には頼朝・義経に協力的だったのです。

義経は、兄の命令を受けて平家を西へ西へと追い込んで、かの有名な壇ノ浦で、平家はついに滅ぼされてしまいました。

平家が滅んだ後はというと、後白河法皇が義経を「頼朝から独立したら？」とそそのかし、それがきっかけで頼朝と義経は対立するようになります。

後白河法皇のたくらみと一枚上手の頼朝

これは、後白河法皇による「源氏がこれ以上力を伸ばしてくるのはまずい……兄弟を対立させて、源氏の力を弱めよう」という目論見でした。

この目論見を頼朝は見抜いていましたが、義経は見抜くことができず、義経は兄の頼朝を討つために兵を集めようします。

しかしさすが政治の天才頼朝は、すでに手を打っていました。

それが、「ご恩と奉公」というシステム。頼朝は、鎌倉で何もしていなかったわけではなく、自分に忠誠心を誓わせる政治機構の構築に心を砕いていたのです。

だから、義経が「兄を討つために俺の元に集まれ！」とか言っても、武士達は、「俺はもう頼朝様に忠誠を誓っていて、俺の土地も頼朝様から『そこはお前の土地だ。安心しろ』と言われているから、俺は断然、頼朝様に従う！」となったのですね。

こういうわけで、義経は思うように兵士を集められません。結果、義経は平安京から落ち延びることになるのです。

そこで頼朝は、後白河法皇に「義経を逮捕するために各国に守護と地頭を置かせてください。さもなくば……（義経をそそのかして挙兵させようとしていたことはわかってるんだぞ）」と無言の圧力をかけることで、各国に守護と地頭を置くことに成功します。これが行われたのが、西暦1185年。この守護と地頭の設置をもって、鎌倉幕府の成立とする見方もあります。日本が出来ておよそ2000年のこと。

義経はというと、もともとお世話になっていた奥州藤原氏を頼って落ち延びていくことになるのですが……この後悲劇が待ち受けます。

義家以来の悲願達成、実質的な全国制覇

奥州藤原氏のリーダー藤原秀衡は、義経を本拠地平泉に迎え入れます。

頼朝は、守護と地頭を設置したのになかなか義経を逮捕できない現状を踏まえて「奥州藤原氏が匿っているのか？」と察知します。

実際、藤原秀衡のほうは、「頼朝の勢力が奥州（東北）に今後及ぶかもしれない」と危惧し、義経を将軍にしてこれに対抗しようと考えていたのです。

しかし、その秀衡は、病に侵され亡くなってしまいます。

秀衡は、奥州藤原氏を守るため、後継の泰衡に「義経と共闘して頼朝から奥州を守れ」という遺言を残しています。

秀衡の死を察した頼朝は朝廷に働きかけて、朝廷のほうから泰衡に直接「義経を逮捕せよ」という宣旨（＝天皇の命令）を出させました。朝廷から泰衡に直接宣旨を出させることで、泰衡と義経の関係を険悪なものとし、奥州を弱体化させようとしたのです。この頼朝の圧力に泰衡は屈し、父の秀衡の遺言を破棄して義経を攻めます。

囲まれた義経は最期、妻と娘を刺し、自害します。

あまりに哀れな最期の義経は後の世でヒーローとなり、判官贔屓《はんがんびいき》という言葉が生まれます。日本人が新撰組や忠臣蔵など悲劇のヒーローを贔屓してしまう感情のことを一般的には言うわけですが、ここでその文脈ができたのですね。

しかし、頼朝は鬼です。

義経を攻めた泰衡に対して「でも、義経を匿っていたよね？　その罪は重いよ」という名目で奥州藤原氏を攻めます。世に言う奥州合戦です。奥州藤原氏当主、藤原泰衡は家来から裏切られ、これで奥州藤原氏は滅びることになります。

奥州藤原氏が滅びたことで関東・東北は鎌倉幕府の勢力範囲となりました。

そして頼朝は、鎌倉幕府の勢力範囲を広げることに成功し、幕府の地位を揺るぎないものにしたのでした。

これにて、義家以来の悲願が達成されるわけですね。

関東、東北の制覇です。

頼朝は、政治を巧みに操る力を存分に発揮することで、政治の主導権を公家から武家へと持っていく決定的な役割を果たしました。

頼朝や鎌倉幕府の政策は、後の室町幕府や江戸幕府の基本方針となり、明治維新になるまで武家が政治の中心となっていくのです。

源頼朝なくして、武士の世や、世界中から注目される武士道は存在しなかったのかもしれません。

土岐総一郎の、ちょっと一言はさませて

ここで出てくる幕府って何でしょう?

幕府なるものは、実は「ホワイトハウス」とか「永田町」みたいな呼称で、概念的な政治機構としては江戸以降に呼ばれ始めたものです。

政庁(つまり執務をするお役所、居館)が幕府と呼ばれていました。

つまり、なぜ鎌倉幕府ができた年がはっきりしないのかというと、そもそも誰かが「幕府を開きます!」と宣言したわけじゃないから、なんですね。

後年の歴史学者によって、実体的に全国的な権力を持ったのがいつなのかを論議しているにすぎないのです。

他の国のように、「日本」は政権の奪取により滅んだことがありません。

それはなぜか。

日本の国というのは、いつでも「天皇」という日本人の総本家が続くことによってキープされているわけです。これが、日本という概念の本質なんですね。

次のページでは、その本質を見抜いていたがゆえに天下統一を果たした、日本で最も有名とも言える武士を紹介したいと思います。

GREAT PERSON
No.11

「うつけ者」のふりをした愛国知将

織田信長

うつけ者と言われた織田《おだ》信長《のぶなが》ですが、この織田信長が、実は天下の愛国者だったことをあなたはご存知でしたか？

織田信長は、尾張国の西半分を支配する織田信秀の息子として生まれます。

ここでまず知っていただきたいのは、織田家というものの存在についてです。

織田家は、実は代々朝廷の官職である「弾正《だんじょう》」という位を世襲してきた家柄でした。

この弾正というのは、古くは律令体制の頃から存在する弾正台《だんじょうだい》という天皇の直轄の組織に由来するのです。弾正台とは、太政大臣などといった高級官僚たちが、賄賂など悪いことを行う人がいたら裁判を経ず逮捕できるという権限を与えられた組織です。

実は、この弾正という組織を代々務めた家の一つが織田家だったのです。

だから、信長のお父さんの織田信秀は、正確には織田弾正信秀というのが正式な名称だったのです。つまり、その子である信長も織田弾正信長というわけです。

弾正というのは、世の中の曲がったところがあればすぐさま正すという意味合いがあり、それが織田家の根底にある、というかもはや役職というわけです。


織田信長のお父さんである信秀自身も、皇室を大事にしていました。

これはあまりよく知られていない話ですが、信秀自身、伊勢神宮の式年遷宮という20年ごとに社を新しく建て替え神様に新しい社にお移りいただくという行事を行うためのお金を、伊勢神宮に寄付するほどだったのです。

信秀は、「皇室がいるから日本という国が成立している」ということを深く理解しており、伊勢神宮の式年遷宮に莫大な費用が要るにもかかわらず、「式年遷宮という長年行われてきた伝統を絶やしてはいけない」と莫大な寄付を行ったのでした。

そんな信秀だからこそ、息子の信長に皇室の伝統や日本という国は天皇があってこそ成立するという事実を教え込んでいたのは想像に難くないお話なのです。

荒れ果てた世で日本を一つに

しかし当時、信長が生きていた頃の日本という国は、応仁の乱以降、戦乱ばかりで荒れ果てていました。だからこそ信長は、家の役割としても「日本を一つにまとめなければ皇室の伝統や天皇という存在を守ることはできない」と考えます。

そこで信長がはじめにとった行動が、「うつけ者を演じる」ということでした。

父親の信秀は、弾正という曲がったことを正す役職についていたわけですから、尾張国の中で「信秀さんはすごく立派な人物である」という評判が立っていたわけです。このように信秀の人望があったからこそ、他国から攻め込まれても、信秀が「兵士集まれ!」という一声で兵士が集まり、大大名の今川や美濃の斎藤道三が攻めてきても撃退できたのです。

しかしながら信秀は、他国からの侵略を追い払うことはできても、それ以上はできないという限界がありました。なぜなら信秀は、身内に反乱を起こしそうな不穏な者を認めても、一時的には怒りますが、謝られるとそれ以上は追求しないという姿勢をとっていたからです。

これを信長は、「これではダメだ。自分が当主になったからにはこういう不穏な反乱分子を叩き潰さないと尾張国は守れない」との思いを隠しつつ見て育ちました。ただ、それを真っ向から実行する難しさも理解していました。

だから、うつけ者を演じたわけです。うつけ者を演じれば、周りは「信秀は立派だが、息子の信長はバカだ」という評判を吹聴するので、尾張国やその近辺の国々に知らしめることができます。こうして信長は、織田家を取り巻く勢力を油断させようとしたのです。

信長は、織田家の家来に対してさえも自らがうつけであるようにふるまい、だから織田家の家来たちは「信秀様はすごく立派だが、信長様は……」と思われてしまいます。敵を欺くにはまず味方から、というのが信長の本心だったのかもしれません。

ダイジェスト　信長の戦い

ここからは、戦国の中心点と言っていい信長の足跡をたった5分で追います！

まず、信長の人生を大きく変える事件が起きます。

それが、桶狭間の合戦です。

隣国の大大名である今川義元が3万の大軍で尾張国に攻め込んできたのです。

織田家中は、信秀が亡くなったうえに信長がうつけを演じていた状況でもあったため、大混乱に陥ります。

「うつけ者の信長さまに、海道一の弓取り（東海でいちばんの武将）である今川義元を撃退するのは難しいだろう……」というムードが濃厚に漂う中、今川の本軍は織田家の本拠地に迫る勢いで織田家の防衛線を次々に突破してきます。

しかし信長は、動じることなく今川軍の動静を見極めていました。

「今川軍が、桶狭間で休憩を取っている模様！」という知らせを受け取った信長は、遂に行動を起こします。

桶狭間は狭い窪地で、大軍の身動きが中々取れず、軍勢が縦に伸びる地形でした。

信長はそこに目をつけて、「桶狭間なら義元の守りが手薄になっているから討ち取れるのでは？」と踏んで「全軍出陣！」と号令を下します。

信長率いる2000の軍勢が桶狭間に差しかかると、雨が降り出しました。信長は、「これぞ天の助け！　今川義元の首、目掛けて突撃！」と、全軍で義元の本陣を襲います。その時、今川軍は酒盛りをしていました。そんな最中に織田軍の急襲を受けて大混乱に陥ります。結果、今川義元は討ち取られることになります。

これによって、うつけ者信長の名声は日本中に轟くことになります。


その後、信長は、お父さんの信秀の頃からの課題だった反乱分子を一つ残らずやっつけて、尾張を統一します。

尾張一国をものにした信長は、今川家における重要な国衆だった松平元康、のちの徳川家康と同盟を結び、東の守りを確かなものにします。加えて、西の美濃国を治めていた斎藤家を攻め、美濃国を手中に収めることにも成功します。

美濃国は、現在でいう岐阜県のあたりですね。岐阜と、愛知でも名古屋付近が信長の本拠地になります。

その後は、力を失っていた室町幕府最後の将軍である足利義昭を擁立して畿内に進出しようとします。畿内は京都の付近です。

しかし、そのゆく手を阻む勢力がいました。南近江を領有していた六角氏です。近江は現在の滋賀県。淡い海、つまり琵琶湖があるのが淡海（おうみ）。それが近江ですね。

ここで信長は、とある策を実行します。自らの実の妹であり、戦国一の美女といわれたお市を、北の近江を支配する浅井長政に嫁がせたのです。

当時の結婚というものは、恋愛結婚で結ばれるなんてことはほぼなく、家と家の結びつきを強めるために行われるものでした。信長がお市を浅井長政と結婚させる、そして浅井長政がお市と夫婦になるということは、織田家と浅井家が家族になる、つまり同盟を結ぶということを意味します。

信長がお市を浅井長政に嫁がせ、信長の味方になったことで、南近江の六角氏は「これでは敵わない」と撤退し、信長と義昭は六角氏と戦わずして京都に入ることができました。

こうして足利義昭は無事京都に帰還し、正式に室町幕府第15代将軍になることができたのです。義昭は、これに大喜びします。

信長に対して「信長殿は私の父のような存在である。信長殿！　これからも『天下《てんか》静謐《せいひつ》』のために働いてほしい！」と激励。

信長も「ははあ！　ありがたき幸せ！　これからも義昭様のため、天下静謐のために粉骨砕身して努めまする！」みたいな感じで盛り上がっていたのでしょうか。あるいは、もっとクールだったのでしょうか。私は結構クール説派です（笑）。

しかし、事件は続きます。義昭が将軍としてようやく落ち着いたかに見えた時、反対勢力に自らが住む本圀寺《ほんこくじ》を襲われるという事件が起きました。

この時、信長は本拠地の岐阜に帰ったばかりでしたが、豪雪の中を2日間で京都に駆けつけるという凄まじい機動力と忠誠心を見せます。岐阜に戻ったばかりのタイミングだったので、体力的にも財政的にも相当に厳しいものがあるわけなのですが、そこを押して強行したのです。

つまり、信長はうつけどころか、勝負所は絶対に逃さない知将だったんですね。

ちなみにこの時、足利義昭の側近くに仕えていたのが私の先祖にあたる土岐源氏、明智光秀です。光秀やその他の武士の奮戦のおかげで義昭は守られ、信長の到着を待たずして反乱分子は幸いにも撃退されました。光秀えらい。

次から次へとわき出る難敵

信長は、再びこのようなことが起こる可能性に備え、新たな将軍の御所を造ります。ということで造られたのが二条御所です。

義昭は、すごく感謝したことでしょう。きっと感謝したはずなんですけど……この後、だいぶ状況が変わります。

信長は、天下静謐のため、足利義昭の下に天下を一つにまとめるため行動を起こしていきます。

まず取った行動が、朝倉義景《あさくらよしかげ》への上洛要請でした。信長は義景に「天下静謐のため、義昭さまのところに挨拶に来なさい」という手紙を送ります。

実はこれは、朝倉義景にとってすごく屈辱的なことでした。なぜなら、義昭に挨拶にいく＝信長に挨拶に行くことですからね。

「どうして私が信長のところに挨拶に行かなければいけないのか……」と、信長の上洛要請を無視してしまいます。朝倉義景は、その名前を前将軍の足利義輝の名前から「義」をもらって改名したほど前将軍との繫がりが強いですが、信長のことは警戒していました。皆さんなんとなくわかってきたと思いますが、平安京の頃から、武士の世界は何があってもおかしくないのです。

信長は、挨拶に来ない朝倉義景に将軍への反抗の意志ありと判断し、遂に朝倉義景追討を決意します。義昭に、天下静謐に刃向かう義景を成敗してくる旨を話し、これを義昭は「武運を祈る」と送り出します。

信長は、同盟を結んでいた北近江の浅井長政にも援軍を要請しました。最も愛する妹にして戦国一の美女・お市の方を嫁がせた、強い同盟です。

信長は、浅井長政は本当に頼りになる義弟と考えていました。織田浅井連合軍が束になって朝倉を攻めたら朝倉はひとたまりもないと考えていましたが、そんな信長に信じられない知らせが飛び込んできました。

浅井長政が裏切り、朝倉軍と共謀していたのです。信長にとって我が耳を疑うとはこのこと。あの信長が驚きのあまり動くことができません。何しろ大事な妹を嫁がせた家です。

進軍中にかなりの混乱をしたようですが、この時、木下秀吉・徳川家康・明智光秀らの軍勢が、追撃してきた浅井・朝倉連合軍をなんとか撃退し、信長は九死に一生を得ました。そして態勢を立て直し、浅井・朝倉連合軍と姉川で戦います。

この時、徳川家康が信長の援軍として来たため、織田・徳川連合軍vs.浅井・朝倉連合軍という戦いになりましたが、この時は織田・徳川連合軍が勝利します。

その後、信長は、比叡山延暦寺が浅井朝倉を後ろから援助しているという情報を得ていたので、比叡山焼き討ちをしたわけですね。

「どうしてお寺を焼き討ちにするの？」と、この出来事を信長の残虐性の根拠にする人もいるのですが、実はお寺と言えど、比叡山延暦寺というのは古くから「僧兵」という軍事勢力を保有していました。さらに、その信者の多さから、自分たちの兵の中にも延暦寺信者の裏切り者が潜んでいる可能性は高いわけです。実際、別の戦いで信長が浅井朝倉を攻めた際、比叡山は浅井・朝倉軍を匿っていました。

当時の信長は、比叡山延暦寺・浅井朝倉・雑賀衆・武田氏などなど、敵が大勢いるという状況。もう完全に包囲されているのです。

この信長の状況を見て、足利義昭はフラつきます。

「信長の周囲は敵だらけだ……本当にこのまま信長を頼って大丈夫か？」と、少しずつ信長を疑うようになってしまったのです。

それがきっかけで、義昭と信長の両者は次第に対立するようになっていきます。

趣味「密書送り」と言えるくらいに義昭は、戦国時代最強の大名の武田信玄や周辺の戦国大名に「信長を討て」という書を送ります。なんと最後は自らも信長討伐を掲げ、信長に反旗を翻します。

信長の豪運

信長のほうは、内側からは義昭公が兵を挙げたり、外側からは戦国最強と名高い武田信玄が甲斐から大軍を率いて京都に上ってきて徳川家康の領内を攻めていたりと、てんやわんやです。

武田信玄は、侵掠《しんりゃく》すること火の如く家康の領内を蹂躙《じゅうりん》していき、家康は信長に援軍を頼みました。そこで信長は3000の援軍を送ります。しかし、その援軍も虚しく徳川家康は、三方ヶ原の戦いで武田信玄に大敗を喫し、家康自身も命がどうなっているかわからないという知らせが信長の元に入ってきます。

信長は、絶望的な状況に追い込まれたかに見えました。私なら、もうゲームのリセットボタンを押したいです。

しかし、そんな信長のもとに、部下から「武田軍、動きを止めました!!」という知らせと「武田軍、撤退を始めました!」という知らせが入ってきたのです。

これは、信玄が死んだ(病死説が濃厚ですが諸説あり)ことによって、撤退が起こったものでした。

またもや信長は、天運に助けられました。

武田軍撤退の知らせは、足利義昭のもとにも届き、「打倒信長!」の士気は急速に衰え、義昭と信長は仲直りすることになりますが……次何かあったら許しませんよね。ところが、懲りない義昭は、再び打倒信長を掲げ槇島城で挙兵、これを信長は打ち破ることになります。

こうして信長は足利義昭を追放、15代続いた室町幕府は滅びることになり、義昭本人は中国地方の毛利氏の元に身を寄せることになりました。

室町幕府を滅ぼした後、信長は、浅井朝倉を滅ぼします。この時、信長の妹であるお市とその娘たちを羽柴秀吉が救出した功により、羽柴秀吉は、信長から小谷を与えられ、長浜城の城主となっています。

猛将・謙信との仲違い

そんな中、もともと信長と協調関係にあった越後の龍である上杉謙信との関係が悪化してしまいます。

武田と並ぶ猛将・上杉謙信。信長はこれまで、「上杉謙信とは絶対に戦ってはいけない」と、洛中洛外図屏風など国宝レベルの贈り物をするなどして謙信の機嫌を懸命に取ってはいたのですが、謙信は、信長に対して反旗を翻すことになります。

どうして、謙信は信長と敵対することになったのか？

それには、室町幕府の滅亡が大きく関わっています。

室町幕府が滅びた後、義昭は毛利氏に「上洛せよ」と何度も何度も働きかけるとともに、全国の大名に「幕府再興のために私に力を貸して欲しい」という手紙を送っていました。

その手紙は、謙信の元にも届いていました。この義昭からの「幕府を再興してほしい」という手紙を受け取り、謙信は、幕府を滅ぼしたのはさすがにやりすぎに感じたとのことで、義昭からの要請を受諾します。

謙信はまず、能登国の難攻不落の名城、七尾城を攻めます。そこで七尾城に立てこもる武士たちは、信長に援軍を要請します。敵（謙信）の敵（信長）は、友ということですね。そこで信長は、織田家随一の猛将柴田勝家を、七尾城救出のため北陸に派遣します。

しかし、謙信はやはり軍神でした。難攻不落の七尾城を調略によって内部崩壊させ、落城させた後に、七尾城の落城という事実を情報封鎖によって柴田軍に悟られないようにし、柴田軍をおびき出したのです。

柴田軍は、「早く七尾城を救出しなければ……」と手取川という川を渡ります。実は、これが謙信の狙いでした。謙信はまた、七尾城を落とした後に数万の大軍を電光石火の如く南下させます。

勝家は、まだ七尾城が落ちたことすら知りません。

そんな勝家の元に「七尾城が落ちました！　上杉軍は、もうすぐそこまで来ているようです！」との知らせが入ります。これには勝家も、「あの難攻不落の七尾城が落ちて、上杉軍はもう目と鼻の先の場所にまで来てるだと!?」と焦ります。

そして勝家は「我らに勝ち目はない」と撤退を始めますが、手取川のせいで思うように撤退が進みません。そこへ上杉謙信率いる軍勢が襲ってきます。柴田勝家は、命からがら信長のもとへ逃げ帰ることになり、柴田軍の大敗北に終わったのです。

不幸中の幸いだったのが、この頃は冬であり、これ以上軍を動かすことが難しいと判断した謙信は進撃を止めて、春に上洛戦を行うことにします。

さて、春になりました。謙信が進撃をしてくると覚悟を決めた信長のもとに、またもや信じられない知らせが入ってきたのです。

「越後の龍、上杉謙信、トイレで亡くなりました‼」

なんと謙信は、出陣の9日前にトイレで亡くなったというのです。

またもや信長は、天運に助けられたのです。

その後、上杉家は、謙信が後継者を決めなかったことにより内部分裂し、血みどろの戦いへと突き進むことになりました。

またもや窮地を脱した信長は、武田氏など敵対する諸勢力を滅ぼし、畿内一円は、ほぼ信長の手中に収まることになるのです。

この信長の力を朝廷は認め、朝廷は信長に対して、右近衛大将《うこのえのたいしょう》という武士としては最高級の位や、右大臣の位を与えています。右大臣は、朝廷的にはナンバー3の称号です。

信長は、力ずくで天下を統一したと思われていますが、実は、織田は常に朝廷との関係を重んじ、天皇という存在を大事にしていたのです。

信長は、応仁の乱以降、荒れ果てていた天皇が住まう御所を織田家主導で修復したり、京都の商人たちに米の貸付を行った際に「利息は、織田家ではなく、朝廷に支払え」と朝廷の財政が少しでもよくなる施策を行ったりしていました。

この頃の信長も「天皇・朝廷あっての日本」と考えていたからこそ、そうした行動を取っていたのでしょう。室町幕府時には財政難に陥っていた朝廷も、織田の支援により、今まで諦めていた行事などが復活していったのです。

一時はたくさんの敵に囲まれていた信長でしたが、この頃には、有力な敵といえば西日本の毛利を残すのみとなっていました。

戦国最大のミステリー　本能寺の変

この頃の信長は、琵琶湖のほとりに安土城という絢爛豪華なお城を造っています。残すは西の毛利を倒せば天下統一を成せるので、羽柴秀吉に毛利征伐を命じます。

秀吉は、毛利氏に味方する勢力をごく一部を除いて味方に引き入れ、毛利氏防衛の最前線である備中高松城を攻めます。

しかし、この備中高松城がなかなか落ちません。

そこで秀吉は、「ぜひとも信長様の御出馬をお願いいたします」と信長に懇願し、信長が毛利征伐のために出陣することになります。

信長は、秀吉の応援をするために京都の本能寺に少ない家来を引き連れて入ります。そして朝廷の公家や息子の信忠と懇談し、休むことになります。

その翌朝、家来の森蘭丸から告げられます。

「信長様、軍勢がこの本能寺を取り囲んでおりまする……軍勢は、桔梗の旗」

桔梗の紋は土岐家の旗。明智光秀の軍勢を意味します。

これに信長は、「是非に及ばず」という言葉を残して、明智勢と戦いますが、最後には明智の大軍の前に力尽きて燃え盛る本能寺とともに自害してしまった、というのが、信長公記に書かれている物語になります。

明智光秀はその後、間もなく秀吉に滅ぼされてしまいます。明智光秀やその重臣たちが残した手紙も、すべてなくなってしまいました。

この「当事者全員不在」というミステリーは、今でも諸説を生み出しています。
なんにせよ、この信長がいたからこそ、その後の秀吉・家康が天下統一をなし得たことは間違いありません。

もし信長がいなかったら

信長は、「天皇あってこその日本。しかし、今の日本は戦乱にあり、皇室や朝廷の力が弱くなってしまっている。だからこそ、この戦国乱世を終わらせ、日本を一つにしなければ」という原動力があったからこそ、度重なる窮地を乗り越えて、時には非情すぎる決断を下すことをもいとわなかったのかもしれません。

信長は、熱田神宮を篤《あつ》く信奉していました。信長の人生を激変させた桶狭間の戦いに向かう途中、熱田神宮に参詣してから桶狭間の今川義元に襲いかかったのです。

ぜひあなたも熱田神宮に参詣して、信長がどんな思いで熱田神宮に祈りを捧げたのか、思いを馳せてみてください。

もし織田信長がいなかったら、戦乱のままに「日本」という国はバラバラになる可能性があったと言っても過言ではないのではないでしょうか。

秀吉はこの後、天下統一をして太政大臣、関白になります。つまり国の政治のトップです。これは、信長の後継者だからこそ成し得たことではないでしょうか？

「力」だけで日本を制したと思われがちですが、信長は、日本という国を真に理解していたと言えると私は思います。

その意思をそのまま継いだ豊臣秀吉の話に繋げていきましょう。

GREAT PERSON
No.12

［現代日本の立役者］豊臣秀吉

戦国武将の中でも人気の高い豊臣《とよとみ》秀吉《ひでよし》。

織田信長や徳川家康と並び、「戦国三英傑」としても数えられている秀吉の魅力とはなんでしょう？　秀吉の成し遂げた偉業やエピソードから、秀吉という人物について見ていきましょう。

豊臣秀吉という人物は、とても優秀でした。

「本能寺の変」の後、秀吉が天下を取りますが、その際に取った戦略というのが、織田信長が行った政治を、そのまま丸ごと引き継ぐというものだったのです。

効率的ですよね。

そして秀吉は、朝廷の中でも活躍。この頃、朝廷内で起こっていた関白の座を巡る争いの仲介役を買って出ます。そしてなんと豊臣秀吉自身が関白・そして最高の位である太政大臣の地位を得て、太閤と呼ばれるようになっていったのです。

そうして秀吉は、すべての大名たちに「子々孫々まで皇室に仕え忠誠を誓う」という文章を提出させました。というのも、秀吉は農民出身。しかし大義は日本を平和に治めることになるわけなので、「自分の天下だ、自分は太閤様だぞ、敬え！」と言うのではなく、あくまで朝廷に仕えるということで大義を得たのです。

これは意外ではないでしょうか？　秀吉も信長の威光だけで権力を得たように思われがちですが、実はこんなふうにして、朝廷の威光という日本の本質をしっかり捉えた政治をしているのですね。独裁者というイメージからは実際は程遠いのです。

秀吉は聚楽第《じゅらくてい》というものも造ります。豊臣秀吉が建てた政庁・邸宅・城郭のことです。つまり、秀吉の屋敷です。これは、完成からわずか8年で取り壊されてしまいますが、言葉にできないほど豪華絢爛だったと伝えられています。

そして秀吉は、そこに後陽成天皇《ごようぜいてんのう》を招きました。

その時のあまりにもすごいもてなしぶりに、後陽成天皇が長期間滞在されたと言われています。このように、秀吉は最大の敬意を払って、朝廷や皇室を奉ったのです。秀吉は、自分ではなく人を立てるのが上手かったんですね。

秀吉といえば「一夜城」と「米」

秀吉が信長からの信用を得たとされるエピソードに「墨俣《すのまた》一夜城」があります。

織田信長が美濃国に攻め入るため、墨俣に城を築こうとしますが、敵陣営のためなかなか思うように作業がはかどらず、城は完成できません。

そこで秀吉が、川の上流から木材を流して運び、川の下流に城を造る、というアイデアを思いつき、あっという間に城は完成しました。

もちろん、一夜で建てたわけではありませんが、そのくらい早くできたということで「一夜城」と言われています。

そんな秀吉は、実は上だけでなく、下に対してもうまく取り計らっています。

その一つが「太閤検地」。もともとは信長が進めていた施策なのですが、秀吉がその後を引き継ぎます。

「太閤検地」というのは、日本全国で行った田畑の測量と、収穫量の調査のことです。これにより、その土地で収穫できる標準量、石高がはっきりしました。それまでは雑だった税制を、田んぼの質で上・中・下に分け、さらに大きさから、その場所の算定価値を計算できるようにしたのです。


そして村ごとに検地帳を作って、税率を決めました。その時の税率ですが、なんと二公一民、つまり3分の2が税金で取られる仕組みでした。

税率66パーセント‼ 高くないですか⁉

しかし、ここが秀吉の上手いところなのですが、税金は検地を行った田畑のみにかけました。つまり、農民たちに対してちゃんと抜け道も用意していたのです。

加えて、この時の検地の方法に、「絶対に民に迷惑をかけてはいけない、お金も、つまり賄賂も受け取ってはいけない」ということを厳しく命じました。

税法の改正時というのは、だいたいすべてと言っていいほど民から不満が上がるものですが、この太閤地検に関しては、例外的にまったく不満が出なかったそうです。

実際に、ここから10年間、一揆は起こりませんでした。

このように、豊臣秀吉は、日本を統一するということに関して信長の後をしっかりと引き継ぎ、上も下も敬いながら、日本の土台を作っていったんですね。

秀吉が「人たらし」といわれるゆえんかもしれません。

さらに秀吉は、「バテレン追放令」というのも出しています。

日本にキリスト教を取り入れたのは信長なのですが、秀吉はそれを禁止しました。

その時に不満を持った人に対しては、「キリスト教は優秀だけど、日本には合わない」という一言でつき返しました。

後に「秀吉は政治をとてもよく理解していて、バランス感覚が非常に優れていたんだ」と、キリスト教の偉い人が言っている資料があります。

こうやってその人が「何をしたか」という観点から実際に歴史を学ぶと、イメージと事実が違って、驚くことが多いですよね。

ところで……秀吉といえば、「サル」と言われているイメージではないですか？背が低く、顔が赤くて目が出ていたことからそう言われていたようです。

秀吉自身も自分のことを「容姿も醜く、貧弱」と言っています。また、朝鮮使節団が日本にやってきて秀吉に会った時の印象も「顔が小さくてサルのようだ」と語っていたそう。織田信長からは「ハゲネズミ」と呼ばれていたそうです。

今の価値観だと辛辣ですが、当時はどうだったんですかね。意外と殿に気さくに扱われていて嬉しいというのもあったりしたんでしょうか。

死後、秀吉は朝廷から「豊国大明神」という神号が与えられ、京都東山の豊国神社に祀られました。大きく立派な神社でしたが、大坂夏の陣で豊臣氏が敗れると、徳川家康によって神号が剥奪され、神社も取り壊されてしまいます。

その後、社殿は荒れるがままに放置されていましたが、明治になってやっと再興されました。境内にある宝物館には、秀吉の使っていた枕や、なんと「歯」が展示されています。

信長、秀吉と繋がったバトンは、この後、家康の手に渡ります。

土岐総一郎の、ちょっと一言はさませて

歴史というのは、見る人や見方によって変わるもの。当時の人物の性格や、思っていたであろうことも、まるきり変わります。

織田信長に残虐なイメージを持つ人もいるかもしれませんが、本当にただ残虐なだけの人間に人は命を懸けてまでついていくでしょうか？　歴史に名を刻むようなリーダーはみな、一定以上に、いや、信じられないくらいに人望があり、評価されてそのポジションにいます。

この本でぜひお願いしたいのは、ある行動を一つ切り取って、誰かを悪者にしたり正しい人にしたりするのではなく、一旦考えてみてほしいということです。

私は中学生の頃、社会科の教師に「お前は明智光秀の子孫だから、いずれ裏切

り者になるんだ」と教室のみんなの前で言われたことをまだ覚えています。

おそらく教師は私が本気で取るとは思っていなかったでしょうし、私もある種の冗談だとは思っています。しかし、やはり人を「悪者」と決めつける行為に、幼い心は傷つくものです。

大人がその人の関係者を悪者と決めつけ、先祖や出身、血で決めつけを行うのはどうでしょうか。私は子供心に不信感を抱きました。

創作活動での演出、全体に対する意見として発信するのはいいと思いますが、それを個人攻撃に結びつけるのは、世界最古の文化ある国の教養人としては控えたほうがいいというのが私の意見です。

そのためにも、これまでのイメージとは違うかもしれない歴史について、本書で少しでも興味を持っていただけたらと強く願っています。

GREAT PERSON No.13

日本ができて2200年

［苦労の末、日本に平和をもたらした］

徳川家康

信長・秀吉に続き、戦国乱世を終わらせ、約２６０年続く江戸幕府を開いた徳川家康《とくがわいえやす》。そんな家康は、最初は三河（愛知県東部）の弱小勢力にすぎませんでした。

弱小勢力だったことが災いして、幼少期は、織田と今川といった勢力に挟まれてしまい、家族とは離れ離れになり、最初は織田、次に今川の人質として駿府《すんぷ》で暮らすことになります。

今川家の人質として暮らしていた家康の転機となったのが、桶狭間の戦いです。家康は、今川軍の武将として参加していたのですが、なんと今川義元率いる３万の軍勢が、織田信長の２０００の軍勢に大敗してしまうのです。

昨日の敵は今日の友

この後、家康は、今川家の本拠地駿府に戻るのではなく、家康の父や祖父が切り開いてきた三河国《みかわのくに》に戻り、最終的に今川家から独立することになります。今川家から独立した後、家康は仇敵だった織田信長と同盟を結び、信長は西へ、家康は東へと勢力を伸ばしていくことになります。

家康はその後、今川義元の跡を継いで今川家のリーダーになった今川氏真《いまがわうじざね》を、甲斐の武田信玄と協力してやっつけることになります。

家康は、「一緒に手を組んで今川家を滅ぼしましょう。滅ぼした暁には、信玄殿が駿河国を治め、私は遠江国を治めることに」という提案を持ちかけたのです。

今川義元が亡くなったとはいえ、今川家はいまだ健在でしたから、家康一人で攻めた場合、今川家を滅ぼすのは難しいと判断したのでしょう。

この提案には、信玄の方にもメリットがありました。信玄側のメリット、それは、海に接する領土を手に入れられるということです。信玄の本拠地である甲斐国《かいのくに》には、海がないですからね。

こういう経緯で、信玄は駿河国に、家康は遠江に侵攻を開始しました。

今川氏真は、なすすべもなく東に追い込まれます。


信玄は駿河国を瞬く間に手中に収め、家康も今川方の城である曳馬城《ひくまじょう》を攻めた後、驚愕の事態が起きます。

なんと、徳川と武田で交わした「駿河は武田、遠江は徳川」という取り決めを破棄して、武田が遠江に攻め込んできたのです。

家康はこれをなんとか撃退しますが、「武田は、やはり信用できない」と考えを改め、氏真が立てこもった掛川城に対して「氏真の身柄の安全は保障するので開城せよ」と呼びかけ、掛川城は開城。こうして家康は、遠江一国を手中に収めました。

今川氏真の妻は北条氏出身だったため、家康は氏真を北条氏に引き渡します。

この時の北条氏のリーダーは、北条氏康でした。氏康は、信玄の行動をよく思っておらず、「氏真殿……よくぞ無事だった。武田からの侵攻を守ってやれなくて申し訳ない」。そして氏真は、「……実は掛川城を出てからお義父様がおられるここに来るまで、徳川殿が私の身柄をしっかりと守ってくださったのです。その徳川殿も今は武田の力に逼迫しております。どうか徳川殿にご助力を」ということで、北条氏康は「武田の動きは、どうも気に食わない。それなら徳川と結んで武田を撃退してやろうではないか」と、このような経緯で、家康は北条氏康と手を結み、遠江をうかがっていた武田軍を撃退することに成功するのです。

まずは武田、次に北条と、組む相手を変えていく家康。昨日の友は今日の敵でもありますが、その逆も然りですね。

こうして、家康は、三河国と遠江国の二カ国を領有する大名になりました。

後世に残るトホホ系エピソード

家康は、もともとの本拠地だった三河国岡崎城を後継者の信康に譲り、自らは遠江国に移り、曳馬城があった場所を浜松と改名、浜松城を築いてこれを本城とします。

その後、家康は北条氏と協力関係を築き、これにより武田は「徳川領内を侵攻したいけど、北条の動きが気になってキツイ……」と、なかなか軍隊を動かすことができなくなりました。

しかしある時、家康にとって嫌な出来事が起きます。反武田の姿勢を鮮明にしていた北条氏康が亡くなってしまうのです。そして、新しく北条のリーダーとなった北条氏政がなんと、宿敵・武田信玄と同盟を結んでしまったのです。

北条氏政は、「自分は信玄にはかなわない。もともと結んでいた武田との同盟を復活させよう」と考えたわけです。それぐらい武田信玄は強かったということです。


こうして信玄は、いわゆる西上作戦をスタートします。まず、信玄は家康の領土内に侵入し、蹂躙を開始します。

家康もなんとか武田軍を食い止めようと必死で戦いますが、三方ヶ原の戦いで信玄に手痛い敗北を喫してしまい、逃げる道中で馬上でうんこを漏らしてしまったり、お腹が空きすぎて立ち寄った茶屋でだんごを食べていたら武田軍の兵士が付近を捜索しているのを発見、だんごのお金を払わずに逃げ出して、茶屋のおばあさんから「金払えええええ」と猛ダッシュで追いかけられ、なんと追いつかれてしまうという、おばあちゃんどんだけ足腰強いんだ、といったエピソードが残っています。

家康は、なぜかこういう情けないエピソードを多く残しています。

信長の家来的ポジションへ

武田軍に手痛い敗北を喫して一時は命も危なかった家康でしたが、なんとか本拠地の浜松城に逃げ帰り、命だけは助かります。

その後、信長の段にもあったように、信玄は亡くなりました。

信玄の死後、武田家は信玄の四男である武田勝頼がリーダーとなりますが、この勝頼も信玄並みの強さで三河と駿河にプレッシャーをかけてきます。

こうした背景から、徳川家中は「武田につくべきだ」というグループと、「いや、これまで通り、織田との同盟を堅持すべきだ」というグループに二分されてしまいます。

いつの時代もそうなんですよね。頭首の一存だけで決まるわけではないのです。下手な決め方をすると、部下にも裏切られてしまう可能性がありますから。

武田派は嫡男信康とその母築山殿が頭目とされ、織田派は家康が中心となっていました。結果、家康は、後継である信康とその母、築山殿を殺害することになります。

この時の家康はすごく苦しかったことでしょう……。

そんな最中、織田信長が「遂に勝頼を倒す時がきた！」ということで、甲斐国侵攻を開始します。

実は勝頼は、戦いには強かったのですが、「武田信玄の息子」という肩書きに苦しみ、信玄以上の結果を出さないといけないというプレッシャーが災いしてか、あまり家来の進言を聞いていなかったのです。つまり、人望と求心力が低下するという事態に陥っていました。これに目をつけたのが信長で、武田家の家来に対し「こちらの味方にならないか」という調略を着々と行っていたのでした。

そして、ある程度武田家中の人材を寝返らせた上で甲斐国侵攻を開始します。

勝頼は裏切りに次ぐ裏切りで完全に孤立してしまい、戦国最強と謳われた武田は遂に滅びました。

信長は、武田が治めていた駿河国を家康に与え、この頃から家康は信長の家来的なポジションになっていきます。

祝勝旅行の最中に起きた大事件

こうして、三河・遠江・駿河という三ヶ国の大名になった家康。

この武田征伐を行った後に家康は、戦勝祝いということで、富士山見物と称して信長を歓待しています。

これには信長も非常に喜んだとされ、「家康殿、次は我が安土城にぜひ来てくだされ！　絢爛豪華な宴でもてなしてご覧に入れる」という話に。

この信長の求めに応じて家康は上洛し、安土城の信長を訪ね、また信長から「せっかくなので堺を見物されたら良かろう」と堺を見物する最中に大事件が起きます。

明智光秀が織田信長を襲った本能寺の変です。明智方は、「信長の同盟者である家康を突き出したら無限の褒美を上げる」と京都中にお触れを出します。

そこで家康は、「明智の手にかかって死ぬくらいなら、自分で腹を切る」と言い出しますが、家来たちが「まだ死ぬと決まったわけじゃない！」と引き止めます。

家康は、家来たちの言うことを聞き、「三河に帰ろう！」と、伊賀越えと呼ばれる必死の逃避行の末、なんとか領国三河そして遠江にたどり着きます。

そして地元で態勢を立て直し、いざ明智討伐の軍を起こそうとした矢先、羽柴秀吉によって明智が討たれたという知らせが入ります。

そこで家康がとった行動が、甲斐・上野国《こうずけのくに》への侵攻でした。武田が滅びた後、甲斐国・上野国・信濃国は、織田家の家来によって治められていましたが、織田信長が本能寺で亡くなった後、織田家への求心力が急速に低下してしまいます。結果、その三ヶ国が、領主不在の状態になってしまったわけです。

領主不在の状態なら「俺が手に入れてやるよ」となるのが戦国の世。

北条・徳川・上杉による三つ巴の戦いがスタートします。

これが、天正壬午《てんしょうじんご》の乱です。

家康はまず地理的に近い甲斐国に侵攻し、甲斐国をほぼその手中に収めます。その後、上野国に侵攻するのですが、この時立ちふさがったのが北条でした。

徳川軍は約1万人に対して、北条軍は約6万もの大軍でしたが、家康は調略とゲリラ戦を展開して、北条の方から「徳川殿、仲直りしよう」と申し出がありました。

北条は、「上野国さえいただければ充分です。徳川殿には、甲斐国と信濃国の領有を認めます。今後は、徳川殿ともっと緊密に連携していきたいので、ご息女を北条の嫁として迎え入れたいです」と言ってきたのです。

家康も「そこが落とし所だろうな……了承したと北条側に伝えよ」と、この仲直りの申し出を認めます。こうして徳川は北条と同盟を結ぶことになり、三河・遠江・駿河・甲斐・信濃の五カ国を領有する大大名となったのでした。

実はあった、秀吉と家康の生前の攻防

家康がこうしているうちに、羽柴秀吉は畿内を抑え、天下の趨勢は完全に秀吉へと傾いていました。そして、この事態を快く思わない者がいました。織田信長の子供、織田信雄《おだのぶかつ》です。信雄は、「本当は、織田家の天下なのに! 秀吉が乗っ取ろうとしている! そんなの嫌だ!」と家康に訴えてきたのです。

家康は「もともと、織田家とは同盟を組んでいたので、信雄さまの力になって差し上げよう。手始めに信雄様、織田家中にいる秀吉のスパイを成敗しておきましょうか」と進言します。この家康のアドバイスに信雄は従い、結果、織田家と秀吉の緊張

は高まって、秀吉は、信雄討伐を掲げて兵を進めてきます。

対する家康・信雄連合軍は、小牧山城の守りを堅固にし、そこを拠点に秀吉軍を迎え撃つ態勢を整えます。秀吉自身も「これはうかつに手出しはできない……にらみ合いを続けるしかないな」と、両軍にらみ合ったまま動きません。

業を煮やした秀吉は、「ええい！　このままでは埒があかない！　家康の本国である三河に別働隊を送り込め！」という作戦で、家康を引っ張り出そうとします。

実はこれ、家康の狙い通りで、秀吉方にバレずに密かに三河に兵を送り込む道を造っていたんですね。

一方の秀吉は、別働隊を三河に送り込み、さて家康が動くであろうと思いきや、なんと小牧山城はまったく動きません。秀吉は、「え？　家康動かない……。こうなると、俺らも軍を動かすわけにはいかないよね……」ということで、お預け状態に。

もちろん家康は、秀吉が三河に軍を送り込んだことを知っていますから、秀吉方にバレずに秘密のルートで三河に兵を送り込みます。

そして、長久手の付近で徳川軍は秀吉軍を滅多打ちにして、秀吉軍は這々《ほうほう》の体で秀吉のいる本陣に逃げ帰ったのでした。

その後、秀吉は「野戦では家康には敵わない」と、神がかり的な交渉力を駆使して外交戦を展開。最終的には、家康に助けを求めてきた信雄までも外交戦で下すことになります。この辺りが秀吉の本当に優れているポイントですね。

結果、家康は戦では勝ったが、本質的な勝ちを摑み取ることができず、最終的には秀吉優位な和睦の条件を吞まされることになります。

度重なる秀吉からの臣従要求を蹴ってはいましたが、最終的には、秀吉の妹である朝日姫と秀吉の母が家康の元に来たことで、「ここまでする秀吉とは、なんと器が大きく、すごい人間なんだ」と、秀吉に従うことを決意します。

秀吉の家来ポジション、そして天下統一

ある時、上洛した家康は、秀吉の弟である秀長の屋敷に招かれました。そして、そこに一人の男がいることに気がつきます。

秀長は、「そこの男が私の兄上、秀吉です」と言うではありませんか。

サプライズで待っていたのですね。

そして秀吉は、こんなことを言い出します。

「徳川殿、よくぞ来てくださった。徳川殿が来れば、これで天下もようやくまとまることでしょう。実は、明日のわしとの会見じゃが、一つお願いがあって今日は来たのじゃ。というのは、明日、わしの陣羽織を欲しいと言ってほしいのじゃ。これが天下に広まれば、『あの戦上手な徳川相手に戦などできるわけない』と、天下統一も早まるというもの。よろしく頼む」

これを聞いた家康は「かしこまりました」と、秀吉と一芝居打つことにします。

翌日、家康は、秀吉と正式な面会を行い、その際に「これからは、この家康が秀吉様に代わって戦を行いますゆえ、秀吉様の陣羽織を所望したく存じまする」と言いました。こうして家康は、秀吉の家来として働くことになるのです。

秀吉の家来となった家康はまず、同盟を結んでいた北条氏に「秀吉の家来になったほうがいい」と働きかけるところからスタートします。徳川のことをかなり信用していた北条は、「徳川殿が言うからそうなんだろうなあ」と思いつつも、なかなか秀吉に会いに行こうとしません。

結果的に、決断が遅かった北条は攻められます。小田原攻めです。難攻不落を誇った小田原城を、秀吉は陸と海の二方面から攻めることで陥落させます。


こうして関東の雄、北条氏は滅びることになり、天下統一がなされたのでした。


そんな中秀吉は、家康にこのような命令を下します。

「家康殿よ、そなたは今治めている東海から北条が治めていたこの関東に移りなさい」

家康は、心の中では「関東の田舎はキツいな」と思いつつも「承知致しました」と秀吉の命令に従います。

この時の家康は、「長年治めてきた三河遠江から離れて関東か。確かに関東は広いが、またイチから領国経営をしなければならないな……」と思ってはいたものの、「関東は発展力がある。自分の力で秀吉の大坂に負けない立派な領国にしてやる！」と考え直します。

類いまれなる意志の力と決断力

慣れ親しんだ東海地方をすぐさま離れ、関東へ。

秀吉による天下統一がなされたことで家康は、領国経営に集中することができ、関東の中心を江戸と据え、領民が暮らしやすい街づくりに着手していきました。

その後、秀吉は朝鮮出兵を行いますが、二度目の朝鮮出兵の際に命を落とすことになります。亡くなる直前、秀吉は家康に「息子の秀頼のことをくれぐれも頼む」と託してから亡くなります。

しかし、豊臣政権の内部には不穏な雰囲気が漂っていました。秀吉子飼いの武将たちが武闘派と官僚派に別れ、その対立が表面化してしまったのです。

武闘派のリーダー的存在は、加藤清正。官僚派のリーダー的存在は、石田三成。この二つのグループは、秀吉存命中にも仲が悪かったのですが、秀吉がいたので、あまり表立った対立にはなっていませんでした。しかし、秀吉が亡くなった途端、喧嘩が始まります。

家康は、この状況を「まずいな。このままではまた日本は乱世に逆戻りしてしまう」と危機意識を持って見ていました。

そんな中、なんと武闘派の大名が、三成の屋敷を襲うという事件が起きます。三成は、命からがら家康の屋敷に逃げ込みます。家康は三成に「いったん領地に帰られよ」と話し、なんとか事態を沈静化させます。

しかし、不穏な動きはまだまだ続きます。会津を治めていた上杉が兵士を集めたり、城を造ったり、橋を壊したりなど、戦争に備えた動きを取り始めたというのです。家康は上杉に「どういうことだ？　上洛して申し開きするように」と促しますが、上杉は来ません。この結果起きたのが、上杉征伐です。

家康は、「上杉を征伐する」ということで自ら軍勢を引き連れて会津に行きます。そんな最中になんと石田三成や毛利が秀頼を奉じて、徳川家康の討伐するための兵を挙げたというではありませんか。この前、助けた石田三成が攻めてくる……すごい状態ですよね。

そこで家康は、上杉を伊達と最上に任せ、自らは三成や毛利などといった家康と敵対姿勢を示す大名と戦うために引き返すことを決断します。どうして伊達や最上が家康の味方になったかというと、娘を嫁がせて実は同盟を結んでいたからです。だから、家康は引き返すことができたわけです。

家康の会津征伐の軍には、秀吉恩顧の加藤清正などといった名だたる武将もいたのですが、その際「あちらには秀頼様もおられる。また大坂城に妻子が人質として取られている方もおられるでしょう。だから、三成方についてもいいですよ」と、このように秀吉恩顧の武将に言いました。

しかし彼らは「私たちは、家康様と一緒に戦います」と言いました。

家康の秀吉恩顧の武将に「あちらについてもいいよ」という言葉掛けをすることや、西に引き返す！　という行動をすることへの決断力が家康の凄さです。

こんな流れで家康は、三成や毛利方と戦うことになります。こうして起きたのが、後に天下分け目の合戦と呼ばれることになる関ヶ原の戦いなんですね。

平和のために戦い続けた生涯

関ヶ原の戦いは、1日で決着がつき、家康の勝利で終わります。

そして、家康自身、征夷大将軍となり江戸で幕府を開くことになります。

ここですごいのが、もともと自分が仕えていた豊臣家の領地を大幅に減らして、60万石の一大名にしています。なぜこんなことをしたのか。

家康自身としては、豊臣家を滅ぼそうなどとはまったく考えておらず、豊臣家を公家の頂点に立たせ、一方の徳川家は武家を束ねる存在として、二つの家を共存させようと考えてのことでした。

家康はまた、孫娘にあたる千姫を豊臣秀頼に嫁がせています。これは明らかに豊臣と徳川の融和をはかるためでした。それも戦争のない世界を求めてのことではないかと思いますが、平和はなかなか叶いません。

家康の思いも虚しく、豊臣家は、家康の処遇に満足できず、徳川に不満を持つ浪人たちを大坂城に集めて、結果的に戦になってしまうのです。

こうして起きたのが、大坂冬の陣・夏の陣でした。

家康は、豊臣家と戦となっても豊臣家を存続させられないかと考え続けました。

しかし、豊臣家は上手く浪人たちをコントロールすることができず、家康は豊臣家を滅ぼさないと平和は永遠に来ないのかもしれないと、滅ぼすことを決断します。

そうして豊臣家は大坂夏の陣で滅び、長く続いた戦乱の世はここに終わりを告げたのです。

家康は、夏の陣の後、その生涯を閉じます。


家康は、生涯ずっと戦い続けました。そして苦しみ続けたからこそ、誰よりも平和を願い続けていたのだと思います。家康は、「自分たちが担った地獄を将来世代には担わせてはいけない」という執念があったからこそ、乱世を終わらせ、太平の世を創造したのではないでしょうか。

そしてこの遺志は、子供の秀忠、そして孫の家光に受け継がれていきます。

亡くなる間際にも家康は、自分を祀ったら死後も日本全土を守るという言葉を遺しています。亡くなる間際にも日本の行く末を想う家康に、私は深い敬意を表します。

家康は、日光東照宮に祀られ、遺体は久能山《くのうざん》東照宮にあるそうです。家康がいなければ、我々が生きている現代も今と全然違う世の中だったことでしょう。その後、日本は約260年にわたり平和な世の中になりました。

ぜひ、これを読んでいるあなたも日光そして久能山に赴き、家康が目指した日本に、平和に、思いを馳せてみてください。

土岐総一郎の、ちょっと一言はさませて

さて、こうして戦国の世は明け、江戸時代がやってきます。

徳川家康から始まる治世が現代にまで及ぼしているインパクトは非常に大きいです。これまでは政治は西側中心だった所から、関東中心の日本にしたわけですから。

江戸時代の幕開けは、日本が生まれてからすでに2260年以上。

内部体制が変遷する中でも、日本という国は生き続けてきました。

武家の世が太平になると、平安の時と同じように、日本独自の「精神性」というものに着目し始めます。

そのスタートとして、まずはある世代より上の人にはお馴染みの徳川吉宗、そして天下の副将軍・水戸光圀公を紹介したいと思います。

二人のことを知らない世代の人は、猛烈なヒットをした時代劇の二大巨塔だと思っていただけたらと思います。

この二つの時代劇が猛烈にヒットした理由は、日本の精神性の根幹にある美学、為政者としての「あるべき姿」がそこにあったからではないか——そんな暴れん坊将軍と水戸黄門、実際の二人はどんな人物だったのでしょうか？

GREAT PERSON
No.14

［暴れん坊将軍は一汁三菜、1日2食］

徳川吉宗

徳川吉宗《とくがわよしむね》と聞くと、ほとんどの人が、馬にまたがり浜辺をかけていく「暴れん坊将軍」の画を思い浮かべるのではないでしょうか？

それとも、もしかすると歴史の授業で「享保の改革」とセットで暗記させられた記憶があるかもしれませんね。はたまた、陽気にサンバを歌って踊っている図でしょうか……（笑）。

実際の徳川吉宗は一体どんな人物で、どんなことをしていったのか？

「享保の改革」とはどんなものだったのか？

吉宗のいろんなエピソードと合わせて見ていきましょう。

奇跡の藩主就任、からの将軍へ

「徳川御三家」というのを聞いたことがありますか？

万が一、徳川将軍家の血筋が途絶えた時に、次の将軍を選ぶための分家のようなもので、「尾張徳川家」「紀州徳川家」「水戸徳川家」の三つがそれに当たります。

この御三家は、徳川将軍家に次ぐ地位を持っていました。

そして吉宗は、そんな御三家の一つ、紀州徳川家の四男に生まれました。

生まれた時には誰も、まさか将軍どころか、紀州藩の藩主にさえなれるとは思っていませんでした。

父親が「42歳の二つ子」という厄年に生まれた吉宗。厄年生まれの子供は、捨て子にすると丈夫に育つという風習がありました。すごい発想ですね。

そこで吉宗の父親は、自分の産土神社である刺田比古《さすたひこ》神社の松の木の根元に吉宗を捨て、宮司に拾わせるということをします。……安心してください。本当に捨てたわけではなく、厄落としのための行事です。吉宗が藩主になり、最終的には将軍の座まで手に入れたのは神様の御利益なのでしょうか。

そんな吉宗に転機が訪れたのは22歳の時。紀州藩主を継いだ兄たちが次々と病気で亡くなってしまい、吉宗に白羽の矢が立ったのです。

こうして吉宗は紀州藩五代目藩主に就任。

しかし、その時の紀州藩は、大変な財政難に陥っていました。

藩主になったばかりの吉宗に課せられていたのは、藩の財政立て直しだったのです。

そこで吉宗は、徹底的に倹約をして、財政の立て直しを図りました。

徳川御三家の藩主なのに質素な木綿の服を着て、食事は一汁三菜、1日2食のみ。お殿様が節約生活をしているのに、家臣が贅沢できるわけもありません。

吉宗は、収入を上げるよりも先に、支出を減らすことで財政の立て直しを図ろうとしたのでした。こうした地道な努力のおかげで、紀州藩の財政改革は徐々に成果を上げていきました。

そして紀州藩主になって12年経った時、今度は将軍になる話が吉宗のところにやってきます。それまで将軍だった第七代徳川家継がわずか8歳で亡くなり、御三家の中から紀州藩の財政立て直しに成果を上げていた吉宗が選ばれたのです。

大奮闘！　大奥減らしに治水工事

そうして将軍となった吉宗はまず、これまで中心になって幕府を牛耳っていたトップ2を解雇し、新しい組織を作ります。そして、吉宗自身で政治改革を行おうとします。この時、徳川幕府の財政も、紀州藩と同じように傾いていました。

そこで最初に取り組んだのは財政改革です。吉宗は、紀州藩にいたころと同じように、質素倹約に努め、支出を減らす努力をします。

さらに大奥の女性たちの中で、ここから出てもすぐに嫁ぎ先や次の働き口が見つかりそうな、美人ばかりを集めて解雇します。大奥は贅沢の根源ですからね。

なんと、4000人いた大奥を、1300人にまで減らしてしまったのです。

もちろん周りからすると、自分の家から娘を大奥に入れるというのは政治的側面があったはずですから、反対もあったことでしょう。しかし吉宗は、自分で背中を見せることによって、幕府全体で質素倹約がなされていきました。

吉宗が取り組んだのは、倹約だけではありません。支出を抑える一方で、収入も増やすための施策も行います。

治水工事や新田開発で米の収穫高を上げようとしたり、各地の大名たちに義務付けられていた参勤交代による江戸滞在を1年から半年に減らす代わりに、その分、米を多く幕府に収めろという「上米《あげまい》の制《せい》」を実施したり。

このような増税によって、幕府の収入を安定化させようともしました。


この質素倹約のあとが見られる場所が、現代にも残っています。

江戸の守り神・赤坂氷川神社です。

東京都赤坂にある赤坂氷川神社は、吉宗の命によって社殿が建立されました。

当時、幕府による倹約政策がとられていたので、豪華な飾りや派手な彫り物などはないものの、簡素で質実、重厚な趣のある美しい社殿です。

江戸を守る要の神社と言われていて、実は筆者、土岐総一郎も定期的に出没します。

今でも、東京という世界有数の大都市のビル街のど真ん中に静謐《せいひつ》な巨大神社が複数あるという文化は、日本特有のものではないでしょうか。

経済性だけではない日本の精神性はこのようにして守られてきたのですね。

財政改革だけじゃない　盛り沢山「享保の改革」

他にも、街に目安箱を置いて庶民たちからの意見を募ったり、江戸で度々起こる大きな火事での被害を抑えるため、消防組織「いろは四十八組」という町火消を作ったり、身分にかかわらず、優秀な人材を雇えるよう「足高の制」を定めたり、禁止されていた洋書の輸入を緩めたり、「大岡越前」で有名な大岡忠相《おおおかただすけ》を江戸町奉行に任命して、今のような裁判の基を作らせたりもしました。

これらをまとめて「享保の改革」といいます。


授業で暗記するだけだとよくわからなかった言葉も、こうして見ると、時代背景や中身までよくわかりますよね。これを見ると時代の変化はいつでもあって、目まぐるしく変わっていたように当時の人も感じたに違いありません。

江戸時代には他にも二つほど大きな改革が行われていて、それらを合わせて「江戸三大改革」と呼ばれていますが、「享保の改革」はその中でも一番成果のあった改革だとされています。

実際、危機的だった幕府の財政難は回復しました。

目安箱のおかげで無料の医療施設「小石川養生所」が設立でき、洋書が輸入できるようになったおかげで、蘭学がブームになったりも。

しかし増税で庶民にも重い負担を強いてしまったため、生活に困り、反発する人たちが続出。一揆や打ち壊しも多発してしまいました。

いつだって、手放しで絶賛される施策はありませんね。

暴れん坊将軍は引退後もかっこいい

60歳になった吉宗は、将軍の位を息子の家重に譲ります。

そして自分は引退してのんびり……と思いきや、家重は言語に障がいがあり、政務を執り行うのに支障があったため、吉宗が大御所として、裏でサポートしていました。

ところがその翌年、脳卒中で倒れてしまい、吉宗は半身不随と言語障がいになってしまいます。

しかし決して諦めない吉宗。必死でリハビリを頑張って障がいを克服し、なんと歩けるまでに回復したのです。また、江戸城に、今のバリアフリーのようなシステムを造らせたとか。


こうした気概があるのは本当に時代劇のあの像通りですよね。

生まれた時は将軍どころか藩主でさえ無縁と思われていた吉宗。偶然が重なり将軍になったとはいえ、吉宗が行ってきた数々の大胆な政策は、吉宗でなければ成し得なかったことかもしれません。日本人の心の中にある江戸の江戸らしさは吉宗にあるのではないかと思っています。


さて次に紹介するのは明治維新が起こる最初の種火。

なんとそれは、あの水戸黄門から出てきた火なのです。

GREAT PERSON
No.15

［人生、楽もあれば苦もあるさ］

水戸（徳川）光圀

「この紋所《もんどころ》が目に入らぬか！」でお馴染みのテレビドラマ「水戸黄門」のモデルは「水《み》戸《と》光圀《みつくに》」として知られている、第二代水戸藩主の徳川光圀です。

ドラマの中の光圀のように、隠居後に日本各地を廻って世直しを行っていたのが創作だというのは有名ですが、実はとんでもない不良少年だったとか、水戸学という学問の基礎を作った人物だとか、藩の財政を圧迫するような一大事業を興したとか、知られざる一面も多いようです。

そんな徳川光圀の生涯を見ていきましょう。

不良青年から歴史オタクへ　光圀の目覚め

徳川光圀は、初代水戸藩主の三男であり、徳川家康の孫でもありました。

しかし母親が側室ではなく、実家が力を持っていなかったため、妊娠中に堕ろすよう命令されてしまいます。ところが母親はそれに従わず、光圀は誕生します。

そうしてしばらくの間、父親には内緒で家臣の家で育てられたのです。

その後、光圀は4歳で正式に水戸徳川家の子として水戸城に入り、5歳で世継ぎになることが決まりました。

そんないきさつがあったせいか、それとも兄を差し置いて世継ぎになったことに罪悪感を感じていたのか、光圀は、水戸城で後継ぎとしての教育を受けている期間、手が付けられないほどに荒んで、10代半ばの頃にはいわゆる不良になっていました。

不良少年・光圀の悪行三昧といえば……不良仲間たちと派手な格好で歩き回ったり。相撲大会では友達が負けたことに腹を立て、刀を振り回して暴れたり。吉原遊郭に通い詰めては、弟たちに卑猥なことを聞かせたり。さらには、辻斬りを行うこともあったそうです。

そんな光圀に、家臣たちは困り果て、未来の藩主としての光圀に、半ば諦めムードが漂っていました。

しかし、どうしても光圀を立派な水戸藩主にしたい教育係の小野言員《ときかず》が、光圀に対して意見を手紙にして書き、何度も渡し続けたのです。

最初はそれを無視していた光圀でしたが、この意見書を読んだことがきっかけで、学問に興味を持ち始めます。

そして18歳の時に司馬遷の「史記」に出合い、その面白さにドハマリしてしまいます。中国の歴史や人物、思想に触れるうち、そのすごさに衝撃を受け、心から感動した光圀ですが、それと同時にこれまでの自分の行いが恥ずかしくなり、深く反省しました。

そう、彼は歴史オタクになったことから人生が変わっていくのです。

こうして光圀は学問に目覚め、藩主への道を進んでいくのでした。

「大日本史」編纂事業と水戸学の礎

歴史や思想といった学問に打ち込むようになった光圀は、自分も日本の歴史をまとめたいと思うようになります。

明暦の大火と呼ばれる大火事で江戸が焼け、人や家だけでなく歴史的に価値のある史料が焼失すると、ますますその想いは強くなっていきます。そして光圀が30歳の時、日本の歴史書である「大日本史」の作成のため組織を立ち上げました。

最初のメンバーは4人。その後、光圀が藩主になると、歴史書作りの事業は本格化し、メンバーも4人から20人に増えていきました。

しかしこの事業には膨大な費用がかかり、藩の財政を圧迫してしまいます。

そのため、領民に課せられた税金も重く、農民の中には一揆を起こす人や、水戸藩から逃げ出してしまう人もたくさんいたようです。

この歴史書編纂事業には、周囲から批判の声も多く上がりましたが、光圀はその声に耳を貸さず、これを水戸藩の一大事業として進めていくのです。

光圀は、日本全国に散らばる史料を集め、調査するため、各地にスタッフを派遣します。

そのうちのメンバーに、儒学者の佐々十竹《さっさじっちく》（通称・介三郎）と安積澹泊《あさかたんぱく》（通称・覚兵衛）がいました。

この二人が、あの助さん、格さんのモデルになった人物だと言われています。

ドラマの中では、助さん・格さんと共に日本中を巡り歩く光圀ですが、実際は全国各地を旅したという事実はなくて、江戸から水戸までの道のりを行き来していただけのようです。

また、各地で史料を見せてもらった時には、お礼にお金を渡すこともあったそうですが、水戸藩名産品の和紙や海苔、鮭などを送ったりもしていたそうな。

冒険心の強い水戸藩主誕生

藩主だった父親が亡くなり、光圀は第二代水戸藩藩主を受け継ぎます。

この時代、主君が死ぬと、その家臣も後を追って殉死する風習があったそうです。

光圀はそれを防ぐため、家臣一人ひとりを訪ねて「殉死は亡くなった主には忠義だが、私に対しては不忠義ではないか？」と問いかけ、説得して廻ったとのこと。

また、藩主となった光圀は兄のもとへ行き、自分にも息子がいたにもかかわらず、兄の子供を養子にして跡を継がせたいと訴えました。もしもこれを断ったら、自分も藩主の相続をやめて仏門に入るぞ、と決意の固さを示したのです。兄を差し置いて藩主を継いだことを申し訳なく思っていたので、やっとその償いができた瞬間なのでしょうか。

光圀は藩主時代に「快風丸」という大きな船を造りました。そして乗組員たちに、冒険の旅へと向かうよう命じます。行先は、当時未開の地であった蝦夷。

船は三度目の航海でようやく石狩国までたどり着くことができました。

乗組員たちは、現地でしか手に入れられないクマやラッコ、トドの毛皮や鮭を、船に積んでいた食料と交換して、水戸に戻りました。

この冒険で、水戸藩では蝦夷への興味が強まったそうです。

なかなかに冒険心の強いところは、ドラマ通りですね。

一大事業「大日本史」遂に完成!?

さて、光圀が藩主を引退する頃になってもまだ、「大日本史」は完成しませんでした。69歳になった光圀は、なんとか自分が生きているうちに完成させたいと思い、細かい修正作業は後回しにして、とにかくまとめ上げることを最優先にします。メンバーも53人にまで増やして作業を続行。ついに翌年、第100代後小松天皇までのメインの歴史書「百王本紀」が完成しました。

しかしまだまだ、すべての歴史書をまとめ上げるには、史料は膨大。

道のりは長く遠いのです。

1701年、光圀は72歳の時に食道がんで亡くなります。

この時点でまだ、「大日本史」は完成していません。

光圀の死後、メインとなって引き継いでいた安積澹泊、つまりカクさんまでも亡くなると、計画は一時休止してしまいますが、意思を継ぐ者は出てきます。

そしてなんと明治以降も、この事業は続けられていきます。

時は流れ、約200年後。

水戸徳川家第13代当主の徳川圀順《とくがわくにゆき》が「大日本史」を完成させました。この「大日本史」のおかげで、歴代の天皇がはっきりして、現在にいたるまで歴史や文化の保護にも大いに貢献しています。

日本という国の歴史は、光圀が始めたこの「大日本史」に支えられていると言っても、なんの過言でもありません。私がこうやって歴史の本を書けるのも、水戸黄門のおかげなのです。

温故知新の日本像・水戸学誕生

光圀の始めた「大日本史」の事業は、編纂作業に関わった水戸藩の学者たちの思想に大きな影響を与え、「水戸学」という新しい歴史学が誕生します。

「水戸学」は、儒教を中心に、国学・史学・神道を織り交ぜたような思想です。

光圀は水戸学発展のため、「明《みん》」から儒学者の朱舜水《しゅしゅんすい》を招いて教えを受けました。

光圀の死後もさらにこの水戸学は発展していき、天皇を敬い、外敵を退けようという「尊王攘夷思想」に傾いていきます。

なんと水戸家には「もし徳川家と天皇家にいさかいが起きたら、迷わず天皇家を選べ」という家訓があったとされるほど。

やはり日本という国を見つめれば見つめるほど、なぜこの国が続いてきたのか、それは精神的な中心は天皇、そして皇室にあるから、ということがわかるわけですね。こうした水戸学は、やがて明治維新の原動力にもなっていったのです。

水戸黄門ゆかりの神社といえば、茨城県水戸にある常磐神社です。

明治時代に、光圀を慕うたくさんの人によって建てられました。

除災招福・厄除開運・学業成就の神様として、藩政改革に取り組んだ第九代藩主徳川斉昭と共に祀られています。

一度は戦災でほとんどの建物が焼失してしまいましたが、昭和33年、全国からの浄財で再建復興されました。境内には歴史博物館もあり、古文書や太刀など、光圀と斉昭ゆかりの品が展示されています。

土岐総一郎の、ちょっと一言はさませて

教科書で習うと質素倹約で保守的な吉宗。

時代劇で見ると、民の暮らしに下りていって問題解決するかっこいい吉宗。

洋書の輸入を許すほど、吉宗は好奇心が旺盛で新しい物好きでした。

なんと、ベトナムから象を輸入してしまうほどだったのです。

長崎の港に到着した象が、江戸まで歩いて向かったため、その道中では象ブームが巻き起こり、象グッズが作られ、売られていたそうです。絶対、この時も「バカ殿が象なんて入れて……周りも浮かれやがって……」という批判はあったでしょう。

一方、光圀も子供のころから好奇心旺盛で、新しい物好き。

当時はみんな足袋を履いていましたが、光圀はオランダ製の靴下を履きました。海外から朝鮮ニンジンやインコを取り寄せて育てたり、ワインを好んで飲んだりしていたというエピソードも。

また、食に関しても、新しい食文化を積極的に取り入れていました。なんと、餃子とチーズを日本で一番最初に食べたのは徳川光圀だったとか。そして光圀が特に好んで食べていたのがラーメンで、朱舜水から教わったラーメンの作り方で度々作っては食べていたといいます。

時には臣下に作って振る舞うこともあったそうで、きちんと乾燥した豚肉で出汁を取り、トッピングにはニラ、ネギ、ニンニクなどもあり、今のラーメンとほとんど変わりない出来栄えだったようです。

私が思うに、大胆な為政者というのは、普段から刺激を自分に入れていて、その行動は批判される、というのは世の常なのではないかなと思っています。

民衆心理というのはいつも変わらないものがあります。しかし為政者に大事なのは、国の平安を思うその気持ちと絶え間ない好奇心なのではないでしょうか。

そして、新しいものを知っていった人ほど日本を愛し、日本というものの素晴らしさを再発見します。

この本を読んでいるあなたも、きっとそうなのではないでしょうか？

さて、次は伊勢の放蕩息子があの『古事記』を再発見した、そんなお話です。

彼がいなければ、古事記は私たちが読めるものではなかったかもしれません。

GREAT PERSON No.16

［稀代の学者］本居宣長

本居宣長《もとおりのりなが》は、江戸時代中期の国学者。また、歌人でもあり、医者としても知られています。２５０年続いた江戸時代の中で、すごい学者トップ３を挙げろと言われたら必ず名前が出るのがこの本居宣長。

では実際、どんな研究をして、どんな成果を出したのでしょう。

名前はよく聞くわりに、あまりその業績は知られていない宣長の偉業を、詳しく見ていきましょう。

商売人失格の商家の息子

本居宣長は伊勢国松坂（現在の三重県松阪市）で、木綿問屋をやっている商人の家に生まれました。

大人になれば自然と商売の道へ進むだろうと思われますが、宣長は商売が性に合いません。15歳で江戸の親戚のところへ見習いに出ますが、仕事中に読書をしてしまい、「商売には不向き」というレッテルを貼られてしまいます。

さらに18歳になると、伊勢山田の紙業を営む商家に婿養子に入りますが、ここでも商売に身が入らず、なんと和歌の習い事を始めてしまいました。そうして3年で奥さんとは離婚して、実家の松坂に帰ってきます。その後、実家を継がなければいけなくなりますが、宣長は店をたたんでしまいます。


すると、そんなに勉強が好きなら思う存分勉強してきなさいということで、母親が宣長を京都に遊学させてくれることになりました。このとき宣長は23歳。

勉強を始めるには当時としては相当遅い年齢でしたが、京都遊学の5年間、宣長は必死で医学と漢学を学びながら、大好きな古典にのめり込んでいきます。

そして松坂に帰ってくると、町医者として開業し、空いた時間を古典の研究に費やしました。

松坂の一夜

そんな本居宣長が生涯にわたり、師と仰いだのは賀茂真淵《かものまぶち》です。宣長の研究室の床の間には、賀茂真淵の名前が飾られてあったといいます。

しかし驚くなかれ、実は二人が会ったのは、一生のうちでたった一晩。

それこそが「松坂の一夜」と呼ばれているものです。

国学者であり歌人であった賀茂真淵は、古典収集をするために全国を飛び回っていました。その中で、伊勢神宮参拝と調査のため、伊勢にやってきます。

そして伊勢の松坂に泊まった時、賀茂真淵を訪ねてきた青年がいました。それが本居宣長だったのです。

この頃、当て字による漢字だけで書かれていた『古事記』を、宣長の時代の言葉に翻訳して、さらに自分なりの解釈をつけ読みやすくする、という古事記の研究に取り掛かっていた宣長は、常々「賀茂真淵先生から教わりたい」と思っていました。

宣長の念願叶い、賀茂真淵が泊まっている宿で対面を果たし、弟子入り志願することができたのです。この時、宣長は34歳、賀茂真淵は67歳でした。

宣長は真淵に、古事記の研究を志していることを告げます。

すると真淵は「まず万葉仮名に慣れるため、『万葉集』の注釈からはじめなさい」とアドバイスします。こうして、宣長は本格的に古事記の研究に進んでいくのでした。

先ほど述べたように、本居宣長と賀茂真淵が会ったのは、生涯でこの一度だけ。賀茂真淵に弟子入りできた宣長ですが、松坂で医者の仕事があったので、これ以降は文通で教えを受けていました。

昼間は医者の仕事、夜は古事記の研究を続け、完成した『古事記伝』は全44巻にも及び、かかった年数は35年。宣長は69歳になっていました。

『古事記伝』以外にも宣長はたくさんの著書を残していて、代表的なものでは随筆の『玉勝間《たまかつま》』や、源氏物語を解説した『紫文要領《しぶんようりょう》』、経済書の『秘本玉くしげ』などがあります。

「もののあわれ」と「漢意《からごころ》」

本居宣長が大事にしたものに、「源氏物語」の中でよく見られる「もののあわれ」がありまず。「もののあわれ」は、心で感じることを大事にし、それを素直に受け止めることです。宣長は、こうした大昔から脈々と伝わる自然情緒や精神こそ、日本固有の本質であるとしました。

その反対に、感じたことに善悪を持ち込み、肯定したり批判したりすることを「漢意」といい、「自然に背く考えである」として嫌っていました。

儒教などの外来的な教えは、国が乱れたときに統治するため支配者によって作られた教えであり、日本は古来より、そんな教えがなくても天照大神の子孫である天皇家と共に、乱れることなく治まってきたと主張しました。

この時代に「善悪感には意味がない」とした本居宣長は、哲学者としても世界に誇れる人材なのではないかと私は思います。

ちなみに、宣長は鈴のコレクターでもあり、既製品の鈴を集めるだけでなく、京都でオーダーメイドの鈴を作らせたり、古代の鈴の珍しい複製品などをたくさん持っていました。自宅の書斎を「鈴屋《すずのや》」と名付けています。鈴の音色でリラックスしながら研究を進めていたのでしょうか。

この鈴屋に弟子を集めて講義したことから、宣長は「鈴屋《すずのや》の大人《うし》」と呼ばれることもあったそうです。

宣長の自宅は現在も「本居宣長記念館」として残っており、『古事記伝』などの自筆の原稿や自画像、遺品などが展示されています。

幕末期には、本居宣長を国学神として祀る神社の創建を求める声が上がっていました。建立されたのは明治に入ってからで、最初は山室山にある宣長の奥墓の横に建てられていました。現在は、三重県松阪市の四五百《よいほ》の森にあります。

土岐総一郎の、ちょっと一言はさませて

この江戸時代、世界を驚かし、今もなお多大な影響を与え続けている大天才が生まれました。文化的な天才というのは平和な時代に生まれるのだなあ、と思わされるエピソードです。

みなさん、日本が世界に誇る文化といえばなんでしょう?

色々あると思いますが、今もなお他国の追随を許さないものに「漫画」があると思います。日本の漫画といえば、元祖は鳥獣戯画と言われていますが、私は、この江戸時代に漫画における発明をした人物をぜひ紹介したいです。

私は漫画をおそらく年間数千冊読むのですが、この人がいなかったら漫画はなかったんじゃないかと、現代への影響を肌身で実感できる、そんな天才です。

GREAT PERSON
No.17

［世界に褪せない衝撃を与えた］
葛飾北斎

国内外ともに著名といえば葛飾北斎《かつしかほくさい》。漫画の元祖と言っていい人です。

まずは１８１４年から刊行がスタートした「北斎漫画」が大ヒット。「漫《そぞ》ろな感じで描かれた画」という意味が漫画の語源です。

日本での人気のみならず、ゴッホやセザンヌ、ルノワールら海外の巨匠たちも影響を受け、アメリカの有名雑誌『ＬＩＦＥ』が１９９８年、この１０００年間に偉大な業績を上げた人を１００人総括する中に葛飾北斎の名前があり、西洋社会でも決して無視できない存在であるということを証明しています。

強烈すぎる画号と生き方

この北斎、現在でいうところのかなりの変人です。

象徴的なエピソードでいうと、画号を何回も変え、75歳になった時の画号（ペンネーム）がなんと……

「画狂老人卍《がきょうろうじんまんじ》」

でした。なんじゃそりゃあ、ってペンネームじゃないですか？

でもカッコいい……そう思わずにはいられないです。

他にも、春画、つまりエッチな絵を描くときの画号は「鉄棒ぬらぬら」だったり。

完全に下ネタです。かと思えば、鉄砲の設計図を描いてみたり、商品のデザイナーみたいなこともしています。

部屋が片付けられなさすぎて引っ越しをすること、その生涯中93回。しかし、その引っ越しはほとんどが墨田付近で行われたそうです。

まさに現代の芸術家の破天荒なところをすべて入れ込んだ奇人変人天才の一人。

太平の世には、文化の大成者のような人間がでます。なぜならそうした時代には、変人を受け入れる余裕があるからですね。


ここからは怒濤《どとう》の幕末に入ります。

江戸が終わり明治になるキーマンとして外せないのが、次に出てくる吉田松陰です。そして勝海舟、西郷隆盛と続きます。

一体、どんな理由から、日本は江戸から明治になっていくのでしょうか。


明治になるのは西暦でいうと１８６８年。

日本ができてから２５００年余りになります。

本書刊行時から約１５０年前のお話です。

GREAT PERSON
No.18

［この身に代えても日本を守る！］
吉田松陰

初代総理大臣の伊藤博文、奇兵隊の高杉晋作、３代目内閣総理大臣の山縣有朋などなど、幕末の志士たちや明治の英雄を多数輩出した長州の「松下村塾《しょうかそんじゅく》」の塾長として有名な吉田松陰《よしだしょういん》。

実はこの松下村塾、吉田松陰が創ったものではなく、吉田松陰の叔父の玉木文之進が作ったものなのです。

吉田松陰は、幼少期から叔父の玉木文之進の厳しい教育を受けて育ちました。

その時の有名なエピソードが、ある日、文之進の講義中に松陰が頬に蚊が来たので頬を掻いた時のこと。

それを見た文之進は「学問の途中に蚊の痒み如きで集中力を乱すとは！　貴様、それでも侍の子か！」と叫んで怒り狂い、当時8歳の松陰に対して、気絶するほど殴る蹴るの折檻を加えたという話があるのです。すごいですね。

かといって玉木文之進は、自ら好き好んでこのようなスパルタ教育を行ったわけではなかったようです。

玉木文之進にとって、武士道とは、自分に死に、公のために尽くすものであるという以外の何ものでもなく、自分の感情は排すべきと考えていました。

読書ひいては学問とは、将来自分が公にとって役立つ人間になるための公の行為。一方で、蚊に刺された頬を掻くというのは「気持ち悪い」という自分の感情を満足させるための個人の行動。

読書ひいては学問という公に役立つ自分をつくっている最中に自分の感情を満足することを優先すれば、将来、社会に出た時、公のために尽くす人間ではなく、ただ自分の感情の満足をはかる人物になる……そんなことは武士としてはあってはならないというのを身をもって理解させるために、気絶するぐらい殴ったというわけです。

この玉木文之進の考え方は、現代に生きる我々に大きな示唆を与えてくれるのではないでしょうか。玉木文之進は、「血の繋がった甥っ子の吉田松陰は、そこら辺にいる自分のことしか考えない生半可な武士ではなく、本当に公のために尽くせる真の武士になって欲しい」という一心で心を鬼にして教育にあたったのでしょう。

また幼い松陰も、お母さんから「大丈夫? 嫌ならすぐに言いなさいよ」と言われても「私は大丈夫です」と、強い信念を持って文之進の厳しい教育に耐えました。

松陰は努力の甲斐あり、わずか9歳で山鹿《やまが》流兵学という兵法を習得。明倫館という長州藩の家臣たちが通う学校の助教授的なポストに就任してしまうのです。明倫館に通う人たちは大変驚いたことだろうと思います。

そして吉田松陰が、長州藩主である毛利敬親に山鹿流兵学を講義した時のこと。

長州藩主とは、長州藩のリーダーです。現代にたとえるなら県知事に当たるイメージで、長州藩に所属するすべての武士のトップに君臨する存在。

そんな長州藩のすべての武士のトップに君臨している毛利敬親《たかちか》は、松陰の講義を聴いて、「わずか、この歳でここまで学問に精通しているとは……」と大絶賛。

この時、松陰なんとまだ11歳でした。


そんな松陰は、日本各地の色んな藩士たちと交流していくうちに、日本近海に外国船が現れている話がよく出ることに危機感を強めていきます。

友人との約束のために死刑リスクを負う

松陰は、長崎、江戸、そして東北を旅して各藩の藩士たちと交流していきます。

旅の途中に起きた、松陰の人柄がわかるエピソードを一つご紹介します。

この時期、松陰は遊学のために江戸にいました。

ある時、松陰と熊本藩の宮部鼎蔵《ていぞう》たちはこう思いつきます。

「藩に帰ってしまったら二度と東北に行くことは難しくなってしまう！　せっかく江戸にいるんだから東北に視察旅行に行こう」

松陰は、長州藩から「東北に行ってよし」という通行手形が必要でした。

江戸時代というのは、何をするにしても藩の許可を得ることが必須であり、藩の許可を得ずして他の藩の領土に行くと「脱藩」すなわち藩を裏切る行為とみなされてしまうのです。

しかし、松陰の通行手形はなかなか出ません。普通なら、「宮部！　すまん！　藩の通行手形がまだなので出発日遅らせて欲しい！　本当すまん!!」といって日を改めるところですが、なんと松陰は、宮部たちとこの日に出発するという約束を守るため、通行手形の発行を待たずに東北に向けて出発してしまうのです。

脱藩行為しちゃいましたね、松陰先生。

その後、松陰は東北旅行を思う存分しっかり楽しんで、江戸に着くやいなや、しっかり処罰されました。ただ、死刑にはなりませんでした。

脱藩したら基本死刑なので、死刑を免れたということは、松陰は命が惜しまれるほど有能だったということでしょう。

再び命がけで外国船へ乗り込む

また松陰は、東北の視察旅行を終えて憂慮していることがありました。

それが、海岸の防備が弱すぎること。

最近では、外国船も日本近海に出没しているのは先述の通り。

『海国兵談』という国防のことを書いた林子平の本の中にも「海国の武備は海辺にあり。海辺の兵法は水戦にあり。水戦の要は大銃にあり、是れ海国自然の兵制也」とあるのが、松陰先生はとても気になっているのですね。

佐久間象山《しょうざん》という学者の話にも感銘を受けています。「夷の術をもって夷を防ぐ」。つまり、海外からの脅威は海外の技術で防御しようという話です。

これを受け、処罰されたばかりの松陰はアイデアを思いつきます。

「近くに来た外国船に乗り込んで海外に連れて行ってもらおう」

……今回ばかりは、一発で死刑になりかねない案です。

ちなみに、象山の意見を聞くまでは、松陰先生は外国船に乗り込んで日本刀の切れ味を見せてやる！　と、今ある武力でどうにかしようとしていたらしいです。

さて、徳川家光の時代から「海外に行ってはならない！」という法律が約２５０年間日本を支配していました。

この当時の日本というのは、藩の外はおろか一個人が外国に行くのは大罪だったんですね。今でもパスポートなしで不法に国外に出たらもちろん罪ですが、当時はもっと大きな罪です。

特に松陰がやろうとしてる「外国船に乗る」という行為は国禁中の国禁であり、下手をしたらというか下手をしなくても今度こそ死罪は免れません。

しかし松陰は、「その国に行きこの目で現地の技術や文明について学んで、日本を西洋諸国に負けない強い国にしなければならない」という一心で外国船に乗り込むことを決断し、行動に移していきます。

一度目はロシアの船に乗り込もうとしたのですが、タイミングが合わず失敗。そして二度目が、ペリーが日米和親条約を結ぶために来航した時でした。

松陰先生は、弟子の金子重《しげ》之《の》輔《すけ》と共に「これを逃したら二度とチャンスは来ない」という一心で漁師が乗る小舟を盗み、ペリーが乗っていたポーハタン号に近づき、乗船することに成功します。

そこで、松陰先生と重之輔はペリー側に、「なんとしても海外に連れて行って欲しい!!」と、あの手この手、身ぶり手振りで懇請します。

交渉手段はなんと「このまま返されたら死刑になってしまうから、親切で人道深いあなたを悲しませてしまうよ??」というもの。

この時、ペリーは日米和親条約の締結後の混乱を避けるため、二人の渡航を拒否。松陰先生と重之輔は、幕府に捕らわれることになります。

しかし、ペリーは渡航を拒否しましたが、国禁を犯してまで海外渡航を試みた松陰を絶賛しています。

ペリー提督は松陰を次のように評しています。

「死の危険を犯してまで行動した二人の好奇心、そしてあの教養があるとは、日本人は本当に素晴らしい。この日本人の行動を見るだけで、日本という国がどれだけの可能性を秘めているかわかる……」

松下村塾での日々と大事件

その後、松陰先生は死刑になりかけますが、結局これも免れ、地元で蟄居《ちっきょ》することになります。

それから松陰は、地元で叔父の玉木文之進から松下村塾を受け継ぎ、伊藤博文や高杉晋作といった志士たちの教育に心血を注ぎます。

松下村塾では松陰が一方的に弟子たちを教育するというよりは、弟子たちと一緒に今後の日本について考えて論じるというスタイルで行われます。時には、水泳やピクニックに行ったりしたそうです。

そんなふうに絆を深めていた松陰たちと弟子たちでしたが、ある日、事件が起きます。なんと、幕府が孝明天皇の勅許をもらわずに日米修好通商条約を結んだというニュースが飛び込んできたのです。

これに松陰は激怒。条約締結を担当していた老中を襲ってそれを撤回させる。撤回しなければ暗殺する、という計画を持ち出します。

これには弟子たちは「先生、正気ですか⁉ 絶対にやめたほうがいいです‼」とやめるよう説得します。

すると松陰先生、そんな弟子たちに「君たちには失望した!!!」と、一人で行動を起こします。流石にさよなら失望先生、と周りは思ったことでしょう。

松陰は、計画を遂行するために武器や弾薬などを長州藩に願いますが、長州藩は「一体何をするつもりなのだ」と拒絶。これを境に、松陰は藩や幕府に対して反感を持つようになります。実は幕府が日本最大の障害になっているのでは、とこの頃から考えるようになり、藩に討幕を持ちかけるようになっていくのです。

これには、藩も松陰の存在を危険視せざるを得ず、松陰は藩の牢獄に入れられることになりました。次第には幕府からまでも危険視されることになり、遂には江戸の牢獄に投獄されることになります。

幕府はこの時、松陰をさすがに死刑にまではしようとは考えていませんでした。おそらくですが、国を思う気持ちは本物であること、そして本人の有能さが光っていたからなのでしょう。

松陰は幕府の重役から取り調べを受けることになります。この時、松陰は、「幕府の重役と直接話せるなんて最高の機会と捉えて、自分の意見を直接ぶつけてみよう」と意気揚々だったそうです。

そして、ついにその時になり、幕府の重役に意見をぶつける中で……「実は、私はご老中を暗殺しようと考えてました！」と、告白してしまいます。ふんふんと松陰の話を聞いていた幕府の役人は、目が飛び出るほど驚いたことでしょう。

結果、松陰は死罪になってしまいました。

享年29歳。本当に若いですよね。

このような最期を遂げた松陰ですが、その志は弟子たちに受け継がれ、弟子たちの活躍によって維新は成し遂げられていくのです。

松陰先生の生き様は、現代を生きる我々に色んな示唆を与えてくれるはずです。

松陰先生は、常に自分のためにではなく、日本のため、後世に生まれてくる日本人のために生きていました。

だからこそ、周りから「そんなの無理だ」「そんなことをしても無駄だ」と思われるような突拍子のないことであっても、行動に移すことができたのでしょう。

この松陰先生の生き様は、人とはどうあるべきかというヒントを現代に生きる我々に与えてくれます。

土岐総一郎の、ちょっと一言はさませて

名台詞の多い吉田松陰ですが、著者が個人的に大好きな松陰先生の名言を三つ、紹介させてください。

「志を立てて以って万事の源となす」

目的、目標を立てることこそすべての物事の基本であるという言葉です。当たり前に感じる人はいるかもしれませんが、混迷する時代やルールという「状況」というものに対応するのではなく、まず志ありき。「どうあるべきか」ということから考えるという名言です。

「至誠にして動かざる者は未だこれ有らざるなり」

本当の誠実さを持ちながら行動を伴わない人はいない。本物の誠実さがあるというのであれば、行動しなさいという松陰先生の人生そのもののような言葉です。

最後に、私が最も好きな言葉を。

「諸君、狂いたまえ」

GREAT PERSON
No.19

勝海舟

［江戸を守り日本を守ったスーパー公務員］

吉田松陰というまるで戦うキリストのような生き方をした人物の裏では、最強の国家公務員たちが暗躍していました。その一人が勝海舟。幕末から明治時代初期にかけての武士（幕臣）、政治家です。

実は、勝海舟《かつかいしゅう》と吉田松陰はともに学者・佐久間象山に学んだ同門でもあります。海舟は幼い頃から剣術を学び、「直心影流《じきしんかげりゅう》」の免許皆伝を受けるほど。また、旺盛な向学心で蘭学にも精通していました。

幕末から明治維新へかけての動乱期に開国と和平を唱えた人物で、戊辰戦争においては幕府軍の軍事総裁として、江戸城無血開城に尽力。これにより、江戸の町が戦火に焼かれることを未然に防ぎました。

明治維新でも活躍し、日本の近代化に貢献した勝海舟の生涯をひもといていきましょう。

文武両道の少年期と犬との因縁

勝海舟は、西暦１８２３年3月12日、江戸に生まれました。「海舟」というのは号で、幼名・通称は麟太郎《りんたろう》、本名は「義邦《よしくに》」といい、後の明治維新後には安芳《やすよし》と改名。

父は石高41石ほどの旗本でした。自由奔放だった父とは対照的に、海舟は幼少期から学問に励んでいました。

10代の頃には剣術家の島田虎之介《しまだとらのすけ》に入門、剣術と禅を学び直心影流の免許皆伝となったのです。

また、兵学は江戸時代の兵学者・若山勿堂《わかやまぶつどう》から山鹿流を学び、蘭学は蘭学者・永井《ながい》青崖《せいがい》に弟子入りして学びました。

特に蘭学に対する熱意は強く、蘭学修業中には入手困難な蘭和辞典『ドゥーフ・ハルマ』を借り受けると、１年かけて2部書き写し、１部は自分のために、もう１部を売ってお金にしたと言われています。

その後、１８５０年には蘭学と兵法学の私塾「氷解塾」を開きました。

勝海舟生誕の地は、東京都墨田区にある両国公園内にあります。ここにあった父親の実家で生まれ、7歳まで過ごしたそうです。両国公園内には、勝海舟が学んだ数々の学問と剣術をイメージした椅子と剣のモニュメントが置かれています。

父・勝小吉が書いた「夢酔独言《むすいどくげん》」によると、海舟は9歳の頃、本の稽古（学習塾）からの帰り道で野良犬に睾丸を噛まれ、生死の境を彷徨《さまよ》いました。この時、小吉は金毘羅さんへ願掛けに参り、水垢離《みずごり》をして回復を祈願したというエピソードがあります。回復するまで70日かかったとか。

この事件がきっかけで、海舟は晩年まで大小問わず、犬が苦手だったそうです。そういえば野良犬って最近見ないですね。

渡米、そして抱いた危機感

１８５３年、勝海舟30歳の時です。ペリー提督率いる黒船が浦賀に来航し、日本の鎖国体制を揺るがす大事件が起きました。

このとき幕府は、身分にかかわらず、海防に関する意見書を広く募集しました。

そこで勝海舟が提出した開国と近代化の必要性を説いた意見書が、幕府老中首座・阿部正弘《あべまさひろ》の目に留まります。

また、海岸防禦御用掛《かいがんぼうぎょごようがかり》だった大久保一翁《おおくぼいちおう》からも能力を認められ、海舟はその厚待遇によって蕃書翻訳所《ばんしょほんやくしょ》に任じられ、念願の役入りを果たすことができました。彼の幼い日からの学問が実った瞬間です。この時点から、彼のスーパー公務員である人生が始まります。

さらに、海軍士官養成のための教育機関である長崎海軍伝習所に入門しました。

勝海舟は、1860年に締結された日米修好通商条約の交渉においても重要な役割を果たしました。

幕府は、幕臣の新見正興《しんみまさおき》を正使とする使節団を、批准書交換のためアメリカへ派遣。勝海舟はこの時、護衛として随行する軍艦「咸臨丸《かんりんまる》」の実質的な艦長として乗船することになったのです。

この航海には、通訳のジョン万次郎や福沢諭吉も同行していました。そしてこれは、日本の軍艦が初めて太平洋を横断した歴史的な出来事となったのです。

勝海舟は約4ヶ月のアメリカ滞在中に、日本とは違う近代的な文化や政治、経済に驚き、大いに刺激を受けます。そして帰国後、すでに傾きつつあった幕府で近代海軍の強化に取り組みます。

ここで、世界に行った人と行っていない人の意識の差はとんでもないわけです。なぜ、ここで軍事に力を入れ始めたのか、なぜ商業に力を入れ始めたのか。やはりそれは危機感だったのではないかと思います。その気になれば日本は軍事的に支配されてしまう。これは、後に出てくる西郷隆盛の悲劇にも結びついてくるのです。

そして1862年に軍艦奉行並《ぐんかんぶぎょうなみ》という役職に就任すると、神戸に「海軍操練所」を設けました。

勝海舟が1859年から1868年まで、赤坂本氷川坂下にある屋敷に住んでいた時のこと。1862年12月に、土佐脱藩浪士の坂本龍馬が、海舟に面会するため訪れ、そのまま入門します。勝海舟と坂本龍馬は師弟関係にあったのです。

また、この屋敷では他にも多くの政治家や知識人と交流し、日本の未来を語り合いました。アメリカに行った勝海舟の言葉は重く、多くの人間たちの未来を変えたことでしょう。

江戸の人々を戦火から守った江戸城無血開城

幕末の動乱期、勝海舟は徳川幕府の重要な軍事顧問として活動しました。

1867年、江戸幕府15代将軍徳川慶喜は、政権を朝廷へ返上する大政奉還を行います。その後、明治政府は王政復古の大号令を発して、天皇を中心とする政治体制に戻すことを宣言し、旧幕府の勢力を排除しようとします。

旧幕府派はこれに強く反発。1868年1月には、旧幕府軍と新政府軍の戦いが、京都の鳥羽・伏見で勃発したのです。

この戦いに旧幕府軍は敗れ、大将であった徳川慶喜は江戸城へと逃げ帰り、新政府軍は江戸へと向かって進撃を開始しました。

新政府軍が駿府城まで迫ってきた時、勝海舟は最後まで戦いを主張する幕臣を説き伏せ、新政府軍の参謀・西郷隆盛と会談を行います。

会談で、勝海舟は江戸城を明け渡すことを提案しました。この提案を西郷隆盛も受け入れ、江戸城への攻撃は中止となり、「無血開城」が実現したのです。

これにより、江戸の町が戦火にさらされることを防ぎ、混乱に乗じて介入しようとしてくる諸外国の勢力からも日本を守ったのです。

ただ、勝海舟は提案が受け入れられなかった時の対策も考えていたそうで、その場合は江戸の住民たちを避難させ、新政府軍をおびき寄せて焼き討ちにする準備もしていました。しかもその動きを西郷たち新政府軍にも伝わるようにして、心理的に脅しをかけていたのです。

「無血開城」については、高輪の薩摩藩邸で2回の交渉が行われたそうですが、1回目の交渉が終わった後、勝海舟と西郷隆盛は虎ノ門の愛宕神社で日本の行く末について語り合い、この地から江戸の町を眺めながら「江戸を戦火で包むことは絶対に避けよう」と話していたと言われています。

明治維新後の勝海舟

明治維新後、勝海舟は旧幕臣の代表格として新政府に仕え、兵部大丞《ひょうぶだいじょう》や海軍大輔《かくぐんたいふ》、枢密顧問官などの要職を歴任し、1887年5月には伯爵に叙されました。

晩年は、赤坂氷川で大半を過ごし、江戸時代の経済史料をまとめた「吹塵録《すいじんろく》」や「海軍歴史」「陸軍歴史」「開国起源」など、文筆活動を通じて自身の経験や見聞を広く伝えています。

1899年、風呂上がりに厠《かわや》(トイレ)へ立ち寄った際に倒れ、「コレデオシマイ」という言葉を最後に、意識不明となり亡くなりました。

享年76、脳溢血だったとされています。


勝海舟のゆかりの地には、東京都大田区の洗足池公園があります。

洗足池のほとりには、勝海舟の晩年の邸宅「千束軒(洗足軒)」がありました。

官軍のあった池上本門寺に赴く途中で、海舟がここの風景に惹かれ、建てたものです。しかし戦火で焼失し、現在跡地は大田区立大森第六中学校になっています。

海舟は生前からこの地に葬られることを希望していたので、洗足池の東側に勝海舟夫婦の墓と、生前に海舟が西郷隆盛の死を悼んで建てた「西郷南洲留魂碑」がありま す。やはり二人は盟友だったのだと感じられ、目の奥が熱くなるものがありますね。

勝海舟神社（神奈川県・大山阿夫利神社末社）もあります。

洗足池の千束軒内でお祀りされていた祠が、道路拡張工事のため取り壊しを余儀なくされた際、阿夫利神社社司権田直助と親交があったことから、大山阿夫利神社境内に移築されたものです。ご祭神として、勝海舟が祀られています。

さて、次に登場するのは、勝海舟の盟友にして明治を創ったヒーローの一人、そして明治の重鎮であったにもかかわらず悲しい運命を背負った英雄として有名な、西郷隆盛です。

GREAT PERSON
No.20

［悲劇の英雄］西郷隆盛

東京都台東区、上野公園の銅像でお馴染みの西郷どんといえば、明治維新で活躍し、日本を近代国家に導いて「維新の三傑」の一人に数えられた西郷隆盛《さいごうたかもり》ですね。たくさんの人に尊敬され、今でも愛され続けている維新の英雄が、なぜ西南戦争で明治政府と戦ってしまったのか。その悲しき理由について考えてみましょう。

同郷の大久保利通と道が別れた理由

明治維新によって時代は江戸から明治へ。

そもそも明治維新は、「このままでは日本が危ない！」と、海外に対抗するために行われたものです。西郷は国を思って明治維新を進めていきました。

明治政府ができた時、西郷隆盛はみんなから最も尊敬される軍人だったのです。

江戸時代、鎖国政策によって海外への渡航が禁止されていたのは前述の通りです。それが明治時代になると、「本の知識だけではダメだ！　実際の海外を目で見てこよう！」ということで、海外視察に行くための「岩倉使節団」というものが結成されました。そこに参加したのは木戸孝允、伊藤博文、そして西郷と同じ薩摩出身で子供のころから西郷の親友でもあった大久保利通たちです。

西郷は彼らが留守の間、明治政府を守るため留守番をしていました。

視察に行った大久保たちは、海外における商業や工業の日本との差に驚きます。当時の東海道は道が舗装されていなかったので、馬や人の脚でしか通行できなかったのですが、海外に行ったら鉄道が走っていたのですから、それはたまげます。

また、もし海外に攻めてこられたとして、対等に渡り合うためには兵力も高めないといけません。それにはお金が必要です。

「日本は海外に比べると50年は遅れている！　これに追いつき、追い越すんだ！」

日本の遅れに危機感を感じた彼らは、そのための富国強兵ということで、西洋諸国に対抗し、鉄道を整備したり、機械による工業化を進めたり、資本主義を育てたりといった、国を豊かにするための政策が必要だと考えました。

しかし、日本に残っていた西郷は士族、かつて武士と呼ばれていた人たちの代表です。西郷は士族を守ろうと、明治維新を進めてきています。

それが、使節団たちが海外視察から帰ってきたと思ったらいきなり「工業・商業重視の政策にするぞ」と言われ、意見が対立してしまいました。

さらに当時、一番危なかったのはロシアが攻めてくることでした。そのため、北海道と朝鮮半島の守りを固める必要がありました。しかしこの時の朝鮮は清国の属国だったので、日本の言うことなんて聞きません。

そこで朝鮮半島を征するという「征韓論」が持ち上がり、士族だった西郷もこの征韓論を支持するのですが、岩倉使節団から帰ってきた大久保たちからすると、そんなことをしている場合ではなかったのです。

彼らは海外で最新の技術を見てしまいました。軍事力で海外に勝つためには商業・

工業を発展させてから国内の武力を高め、日本のレベルを海外に通用するように追いつくことが第一だと判断したわけですね。

そもそも戦っても勝てないのは根本的な国力の問題だと目で見て痛感している大久保たちは、まず西洋に習うことが重要と考えました。

そのため、大久保利通は洋館を建てたりして、海外からの人を受け入れる体制を整えていきますが、そうした彼らの行動は、海外の様子をその目で見ていない西郷にとっては西洋かぶれしているように見えました。

「アイツらはなんのために海外まで行ったんだ!? 贅沢するためなんかじゃないだろう!!」

しかし実は大久保利通は、自分の私財をなげうってまで国のためにこうした行動をとっていたのです。国を守るために献身していたことが、友人・西郷の目には西洋かぶれして、武士を蔑ろにしているように見えてしまいました。

事実、大久保利通が亡くなった際、自分の財産はほとんどなかったと言います。

西南戦争勃発と西郷の死

こうして西郷隆盛と大久保たちの考えは決定的に食い違い、西郷は政治から身を引いて、薩摩へ帰ることになりました。そして結局、武士たちの不満を結実させる形で西南戦争が勃発してしまいます。西郷はその先頭に立っていました。

大久保利通は、西郷の西南戦争参加を最後まで信じていなかったそうです。

そして西郷の死の知らせを聞くと、大号泣して悲しんだといいます。

最終的に大久保自身も暗殺されるのですが、その時、西郷からもらった手紙を読んでいたそうです。ずっと、自分の盟友のことを考えながら生きていたんですね。

同じように日本のことを思っていた二人ですが、たとえば海外との差にしても、ただ情報として知っているのと、実際に目で見てリアルに感じるのとでは、その危機感と行動に大きな差が生まれます。

「日本の近代化」という同じ方向を向いていても、その前提の違いですれ違いが起こり、こんな悲しい結果になってしまうこともあるのです。

西南戦争で挙兵直後は官位を剥奪され、死後は賊軍の将、天皇や国に逆らった裏切り者という扱いを受けた西郷ですが、最終的には名誉を回復しています。

明治天皇の意向や黒田清隆らの努力があって1889（明治22）年2月11日の憲法発布にともなう大赦で赦され、正三位を追贈。

こうした維新の志士や、国を良くしようと頑張ってきた歴史上の人物は全員、その時、その時、それぞれの想いで国のために最善を尽くしてきました。

なので誰が悪者、ということはないと思っています。

今の日本という国があるのも、当時命を懸けてくれた人たちがいるからですよね。

愛され西郷どん

上野公園にある、犬を連れた銅像、あれはどうやら本人には似ていないようです。

西郷の趣味は狩り。連れている犬は薩摩犬という種類の猟犬です。名前は「ツン」。

身長が180cm近くある西郷。もともと脂っこいものや甘いものが好物なうえに、明治維新後はデスクワークが増えて100kg超えのメタボ体形になってしまいました。

そこでダイエットの一環として、山歩きをしながらあの愛犬ツンを連れて狩りをしていたそうです。そして実はツンも、愛犬家の西郷にお肉をもらいすぎて肥満犬になっていたとか。山歩きは西郷とツンにとって、良い運動だったのかもしれませんね。

大きな体と腕っぷしの強さに加え、その頭の良さで勝海舟にさえも「恐ろしい」と言わせた西郷ですが、その素顔は「素直」「豪快」「穏やか」「仁徳が高い」など、本人を知る人たちからの評価は高く、みんなから愛されていました。

西郷を殺すために会いに行ったある幕臣は、笑い話で気をそがれて逃げ帰り、その後、「西郷さんは豪傑だ」と感服していたそうです。

また、晩餐会に出たものの「作法を知らない」と言ってスープ皿を手に持って飲み干す西郷の姿に、明治天皇は「飾らない人柄」だと気に入ったとか。

同じ薩摩の士族からだけでなく、身分や立場の違う人からも、さらには敵からも愛されるなんて、その人間力がすごいですよね。

西郷さんの眠る南洲

西南戦争で戦死した２０２３名が埋葬されている墓地が、鹿児島県鹿児島市にあります。西郷隆盛を囲むように戦没者の墓が並び、勝海舟が西郷の死を悼んで詠んだ歌の碑などが建てられています。

そして、南洲墓地の隣に建てられた、西郷隆盛を御祭神として祀る南洲神社があります。

南洲墓地には、西郷隆盛を敬い、全国から大勢の人がお参りにやってきたので、墓地の隣に参拝所が設けられ、その後、神社になりました。

南洲墓地の敷地内に建てられた、鹿児島県鹿児島市にある西郷隆盛の偉業や功績を伝える西郷南洲顕彰館《さいごうなんしゅうけんしょうかん》。

西郷の遺品や書、肖像画、西南戦争に関する資料などが展示されています。

土岐総一郎の、ちょっと一言はさませて

さて西郷さんは最終的に反逆者として扱われました。
彼らは国に反抗していたのでしょうか？
私にはそうは思えませんが、その当時、戦いを起こさなければいけない事情は大いにあったと思います。

江戸の無血開城を実現したのは、西郷隆盛と勝海舟です。

その西郷さんが最終的に西南戦争を起こしたわけですから、事情があったとしか言えないわけです。

天皇は、西郷の死を聞いた際にも「西郷を殺せとは言わなかった」と洩らしたとされるほど、西郷のことを気にかけています。

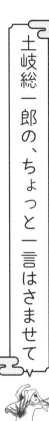

最終的に反逆者として扱われたので、彼は靖国神社には英霊として弔われていませんね。私は、それは変えてもいい頃なんじゃないかなと思っています。

さてお次は、明治といえばこの方なしには語れない。

神武天皇から始まり2528年目に、元号が一世一元、つまり天皇が即位したら変わるというシステムになり、時はとうとう明治に入ります。

私たちの近くまで歴史が迫ってきましたね。

GREAT PERSON
No.21

日本ができて2500年

［近代国家日本へと導いた］
明治天皇

「大帝」や「偉大なる君主」として称えられながら、実は謎の多い明治《めいじ》天皇。幕末から近代国家へと変わりゆく激動の時代に、日本を近代化へと導いていった明治天皇の功績や、その素顔を振り返ってみましょう。

今の日本人の習慣を創り出した明治天皇

時代は幕末。黒船襲来や、幕府が天皇の許可なく勝手に締結した、欧米諸国との不平等条約の影響で、天皇を敬う「尊王派」の人たちや、異国を嫌う「攘夷派」の人たちからの、幕府への反発が大きくなっていました。

そうした「尊王攘夷」の動きが強まる中、１８６７年、孝明《こうめい》天皇は宝算37で崩御され、14歳の明治天皇が誕生します。14歳といえば今でいう中学2年生くらい。そのプレッシャーはどれほどのものだったでしょう。

ところで、この時点では、明治天皇はまだ明治天皇ではありませんでした。というのも、天皇一人につき元号一つという「一世一元の制」が定められたのは、翌年1868年になってからのことです。なので、この時点ではまだ江戸時代。

1867年に大政奉還が行われ、徳川慶喜から政権を返上されます。その後、王政復古の大号令が出され、1868年には「一世一元」の他、天皇を中心とした様々な改革が行われていくのです。

こうして、明治政府が発足されると、政府は「天皇が近代国家の君主として統治する体制」を創り上げていきました。

政府の首脳たちは、明治天皇が公家的な存在ではなく、国の君主としてふさわしい教養を持ち、強くてたくましい天皇であることを望みます。

天皇自身も、そうあるべきと考え、それまでの宮廷教育だった和歌だけでなく、乗馬や武術、様々な国の語学、歴史を学んだり、陸海軍の儀式に参加したりもします。

さらに、西洋文化を取り入れるため、髷を切り、洋服や養殖も取り入れていきます。それまで宮中ではご法度だった、牛乳や牛肉を食されるようにも。

都も、２０００年続いた京都から江戸に遷し、江戸を「東の京」東京へ改称し、そこで政治を行うことを計画しました。

そして明治天皇は東京で政務をとるようになると、全国を巡幸に回ったり、諸外国からの要人にも謁見したりします。

これまでの天皇には考えられないことでした。そもそも顔を見せる、ということがあり得なかったわけですから。

明治天皇は、ただ欧米諸国の文化を取り入れるだけでなく、「外国の取り入れるべき文化は取り入れ、日本の残すべき文化は残す」という考えを持っていました。

明治天皇は和歌も愛し、生涯に詠んだ和歌はなんと９万首だったとか。今でも、明治天皇が残したたくさんの和歌が愛されています。

明治天皇19歳の時には、神道の国教化と、天皇の絶対化を目的とした「大教宣布《たいきょうせんぷの》詔《みことのり》」が発布されました。

そして大日本帝国憲法が発布され、天皇の立場は神聖不可侵である代わりに、多くの権力と義務を負うということが、明文化されます。

しかし、明治天皇が内閣や近臣の意見を突っぱねたりねじ曲げたりすることはほぼなかったそうです。

数少ない例外が日清戦争。明治天皇は、この戦争は不本意なものと考え、先祖への報告を意味する伊勢神宮や孝明天皇陵への勅使派遣を拒否したとされています。

また、日露戦争前にも次のような歌を詠んでいます。

「よもの海　みなはらからと　思ふ世に　など波風の　たちさわぐらむ」

四方《よも》の海は兄弟みたいなものなのに、なぜ波風が騒ぐのだろう。つまり、どこの国とも仲良くしたいのに、どうして戦争が起こるのだろうか、という思いが込められているのでしょうね。

しかし結果的には日清戦争・日露戦争で日本は勝利をおさめ、欧米列強に国力を証明していきます。明治天皇は日本軍における大元帥の立場だったので、広島に大本営が設置された時も現地で直接戦争指揮にあたりました。

天皇は「兵たちと苦楽を共にする」という信念のもと、暖房もない殺風景な部屋で、立ったまま政務を行われていたそうです。

こうした明治天皇と軍人たちとの強いきずなで、日本は勝利を収めます。

そして戦争に勝利した後も、「日本が勝利に驕慢《きょうまん》となり、相手を侮辱せずに友好国の信頼を失うことをしてはならない」と述べたり、戦没者すべての名前に目を通し、その死を悼みました。

負けた相手を貶めない明治天皇のそうした姿勢はまさに、失ってはいけない日本の美しい在り方だと、国内だけでなく、海外からも大きな尊敬を集めました。

大帝の質素で庶民的な生活

「大帝」「偉大なる君主」と称賛された明治天皇ですが、その生活はとても質素。

朝食のメニューはカフェオレとパン、夕食も豪華なディナーなどではなく、焼き魚や煮物など、庶民的なメニューがほとんどでした。

そして、大皿に盛られたこれらの料理を、女官が天皇・皇后に取り分けると、残りは臣下で食べます。宮中において、天皇・皇后と他の宮中の職員たちは、大家族のように皆で「同じ釜の飯」を食べていたのです。

また、明治天皇は日頃から質素倹約を心がけていて、たとえば、一度使った封筒をペーパーナイフで開いて再度使用したり、鉛筆はどんなに短くなっても使い続け、執務室で書類を分類するための収納には、シャツの空き箱を再利用していたそうです。

そんな明治天皇の趣味は、庶民の娯楽だった相撲観戦と将棋。なんとお見合いの席で、将来の皇后となる昭憲皇太后と、初対面で将棋を指したというエピソードも。

この昭憲皇太后との仲のむつまじさも有名で、鼻が高かった皇太后を天皇は「天狗さん」というあだ名で呼んでいたとか。

聡明で教養高く、和歌の心も持っていた皇后は、天皇にとって最良の話し相手であり、精神的にも支えてくれる大切なパートナーだったようです。

そんな皇后自身も近代化に積極的で、率先して洋服を着たり、女子教育や社会事業の発展にも積極的に貢献しました。とにかく国民の模範になるべく、率先して行動していたわけです。

民を愛し、皇祖を崇拝

明治天皇は国民を愛し、心はいつも臣民の中にあると主張していました。天国を治めるには、まず臣民の気持ちを第一に考えなければいけないというのが、天皇のお考えだったのです。そのため、地方への行幸を頻繁に行い、地方知事へも臣民への心配りを大切にするよう、指示していました。

そんな明治天皇は、『古事記』や『日本書紀』などの国学にも重点を置いていました。古典を学ぶ中で、天皇家の祖先である天照大神や初代神武天皇への敬意が芽生え、崇拝するようになります。明治という時代に、欧米諸国の文化を受け入れ、近代化を進めるにあたり、古典を大事にすることこそが、日本の軸になると考えていたのかもしれません。

こうした天皇の考えは、「教育勅語」や「軍人勅諭」に反映されました。教育勅語は、ぜひ読んでほしい必読の内容です。たった300文字ほどですが、日本国民としての美しい在り方が書いてあります。

世界からの賞賛と尊敬

日露戦争で日本が大国ロシアに勝利したことで、明治天皇は世界中から注目と称賛を浴びます。イスラム圏では「日本の皇帝を見習うべきだ」という声が上がったり、イランでは「ミカド・ナーメ（天皇の書）」という写真と詩で天皇を絶賛する本が出版されたり、トルコでは「ロシアと日本」という論文で明治天皇をイスラム国家の最高権力者にすれば、イスラム諸国の団結が強固になるだろう、という意見が発表されたりしました。それはヤバすぎるなと思いますが、トルコからの愛を感じますね。

1912年7月30日、明治天皇の崩御が発表されると、そのニュースは世界各国で報道され、世界中から哀悼の言葉が寄せられました。

イギリスのタイムズ紙には「日本は崇拝された君主を失い、世界は最も傑出した人物の一人を失った。そして英国は信頼できる同盟国を失った」という主旨の記事が掲載されました。

アメリカのニューヨークタイムズ紙には「日本の歴史の中で近代と古代の戦いが最高潮に達したとき、彼がより良い道、すなわち近代的な道を選んだ治世の間に、日本は急拡大し、世界の大国の一つとなった」という主旨の記事が掲載されました。

インドは「明治天皇の崩御は全アジアにとって大きな損失」「世界中の国々が悲しみに暮れるだろう」と報じました。

他にも世界各国の新聞が報じた明治天皇の崩御については、『世界における明治天皇』（望月小太郎編訳、原書房）などで確認することができます。

たくさんの追悼の意が寄せられ、同年9月に青山練兵場の葬場殿で行われた大喪儀には、20もの国から皇族や使節が参列しました。

明治天皇といえばここ！　明治神宮

東京の渋谷にある明治神宮は、明治天皇と昭憲皇太后をお祀りする神社です。

実業家の渋沢栄一や、当時の東京市長・阪谷芳郎たちからなる有志委員会により、1913年3月に創建が決まりました。そして1920年に建立され、太平洋戦争による空襲で焼失するものの再建され、2020年には鎮座100年を迎えました。

参道には、明治天皇の御製が大きく書かれた看板が設置されています。

明治神宮には今も多くの参拝者が訪れ、とくにお正月は毎年、全国で初詣の参拝者数一位の座を守り続けています。

明治天皇が御祭神として祀られているのは明治神宮ですが、お墓は京都市伏見区の伏見桃山陵にあります。9月13日、国葬である大喪の礼が執り行われた後、明治天皇の御遺言で、お墓は京都が選ばれ、この桃山陵にご遺体が埋葬されました。京都に葬られた最後の天皇となりました。この伏見桃山陵は、230段の大階段で有名です。

土岐総一郎の、ちょっと一言はさませて

神道を国教とする時に明治天皇は詔を出しますが、その時の文章の中に

「朕、寡弱を以て夙に聖緒を承け、日夜怵惕、天職の或は欠けんことを懼る」

という節があります。

意味としては、自分は弱い者であるにもかかわらず天皇という大役を継承したので、日夜畏れ多い気持ちであり、自分がこの役目に足りないようなことはないかと心配している、という内容です。その先は、だから日本を今までお守りいただいた神様やご先祖様に力を借りようと思うのでみんなでお祀りしましょう、というように続きます。

かなり謙虚な文ではないでしょうか？　大役をおおせつかった一個人であるということが明言されていると私は思いました。

この後、教育勅語という詔でも「私が模範になるからみんな頑張ろう」という形で日本人の指針を出すわけです。現在受けている教育で「明治から神様のように扱われていた」というニュアンスで伝わっていますが、それは曲がった見方のように私は思います。

質素だったという話にからみ、実は、明治天皇が使われたという漆塗りの菊の御紋のお茶碗が私の家にあります。過去に私の曽祖父が賜ったものなのですが、正直言って豪華なものではありません。いかに贅沢ではない暮らしをしていたかが偲ばれるという意味で、素朴で美しいお茶碗です。

日本人というのはかくあるべしというお手本になった方なのではないでしょうか。

そんな明治天皇が、自分の孫の教育係に任命した人物。

それが次に紹介する、「乃木坂」の名前の由来である人です。

GREAT PERSON No.22

［泣き虫から軍神へ］乃木希典

乃木希典《のぎまれすけ》は、日清戦争・日露戦争でその名を馳せた陸軍軍人です。彼が背負った期待と責任の重さ、私たちには想像すらできません。

乃木希典は日本を勝利に導いた軍神か、それとも多くの将兵を死なせてしまった愚将なのか――。いまだその評価が分かれる乃木の生涯について、本書でも改めて見ていきましょう。

泣き虫とスパルタ教育

乃木希典は、明治が始まる19年前の11月11日、江戸で、長府藩士の三男として生まれました。乃木が生まれる前に長男と次男が亡くなっていたので、「夭折《ようせつ》することがないように」という願いを込めて、幼名は「無人《なきと》」と付けられます。ところが幼い頃、臆病で泣き虫だった無人は「泣き人」とあだ名をつけられ、からかわれてしまいます。そこで父親は、乃木を強く逞しい武士にするため、「寒い」といえば真冬に井戸水を浴びせるような、厳しい教育をしていきます。

ここで一つ、泣き虫なだけではない、乃木の優しいエピソードもご紹介しましょう。実は乃木は、幼少期に左目を失明しています。

一説によると、夏のある朝、母が蚊帳をたたむため、寝ている乃木を起こそうとしたのですが、ぐずってなかなか起きません。そこで母親は、畳みかけた蚊帳で乃木の肩をたたいてしまいました。すると蚊帳の取っ手が乃木の左目にあたり、その怪我が原因で失明したのだとも言われています。

後年、乃木が語ったところによると、失明を明らかにしたら母の責任になってしまうので、失明したことを誰にも話さなかったのだとか。母親思いの優しい乃木少年ですね。

その後、江戸から長州藩に移った乃木一家。

11歳になった乃木は漢学者に入門して、漢籍、詩文を学び、さらには流鏑馬、弓術、西洋流砲術、槍術、剣術なども学び始めます。しかし性格は相変わらず泣き虫で、妹にいじめられて泣くこともあったとか。

15歳で元服し「源三」と名乗りはじめても、泣き虫はそのままだったようです。

明治が始まる4年前、16歳になった乃木は、学者を志して父と対立し、家出をしてしまいます。そしてなんと、70㎞離れた萩まで歩いて行き、親戚筋だった山鹿流の兵学者・玉木文之進のもとを訪れました。

玉木に弟子入りして学問を学ぶつもりだった乃木少年。ところが玉木から、親の許しなく家出したことを責められ「武士にならないのなら農民になれ」と言われ、弟子入りを拒否されてしまいます。

玉木の妻はそんな乃木が可哀そうになり、なんとか玉木家に住むことを許されます。そして玉木の農作業を手伝うかたわら、学問を教えてもらえるようになりました。農業のおかげで、乃木は体も心も鍛えられ、1年が経つ頃には逞しく丈夫な心身を手にしていました。

その後、乃木は玉木から学問を学びながら、1864年9月に萩藩の藩校・明倫館の文学寮に通えるようになりました。

乃木の生き方を変えたもの

徳川幕府が「第二次長州征討」を計画した時、乃木は17歳でした。乃木は4月に長府に呼び戻され、「報国隊」に入隊します。そして18歳の時の6月に長州征討が開始されると、乃木は長州軍として戦いに参加しました。これが、乃木の初陣でした。

22歳で日本陸軍の少佐となった乃木は、「希典《まれすけ》」と名前を改めました。この若者の異例の大抜擢に、乃木も周りの人たちも驚きました。乃木は、少佐任官の日は「生涯何より愉快だった日」と後に語っています。

少佐就任後の乃木は、そのまま出世コースを進んでいきます。

この頃の乃木は、勤務終了後まっすぐ家に帰ることはほとんどなく、毎晩同僚と料亭を飲み歩いていたそうです。しかしそんな乃木とは対照的に、多くの士族は生活に困窮しており、新政府に対して不満を募らせていました。

そんな背景の中、西南戦争が勃発します。

熊本鎮台歩兵第14連隊長として参戦したこの戦いで、乃木に一生涯、悔やんでも悔やみきれない出来事が起こります。

官軍を表す大切な軍旗である連隊旗を、薩摩軍側に奪われてしまったのです。

連隊旗は、天皇の分身ともいえるほど大切なもので、軍の士気にも関わるもの。

その旗を奪われるなんて、これ以上不名誉で屈辱的なことはありません。

当時、総指揮官だった山縣有朋は、乃木の責任を不問に処しますが、乃木自身は激しく自分を責め、何度も切腹を図ろうとしました。

そして、親友の児玉源太郎少佐に「死ぬことほど楽なことはない、なぜ一生かかって死んだつもりでお詫びをしないのか」と、切腹を止められます。

精神的に弱ってしまったのか、乃木はこれまで以上にお酒に溺れ、時には酔ってケンカ沙汰になることもあったとか。

そんな乃木を心配して、母親は旧薩摩藩藩医の娘・静子と結婚させ、子供もできますが、それでも乃木の生活態度は改まらず、放蕩生活を続けました。

しかし乃木に転機が訪れます。それは海外での体験。ドイツ留学です。

このドイツ留学で乃木は、ドイツ人の質実な生活態度と、愛国心に驚かされました。そして、ドイツ陸軍の軍紀・綱紀粛正・軍人教育などの大切さを学びました。

明治20年6月にドイツから帰国した乃木は、まるで別人のように変わっていました。料亭通いもやめ、極端なほど質素な生活に変わり、どんな時でも国民のお手本になるという生き方に変わっていったのです。

日露戦争

1894年8月、つまり明治27年に日清戦争が勃発し、45歳の乃木は歩兵第一旅団長として出征しました。そこで目覚ましい活躍を遂げた乃木は「将軍の右に出るものなし」と褒め称えられ、翌年4月5日に中将に昇進します。

さらに1904(明治37)年、乃木が55歳の時、日露戦争が勃発。

ロシアは当時、冬になっても海面が凍らない港を手に入れるため、南下政策を取り続け、東アジアの治安を脅かしていたのです。当時のロシアは世界最強の陸軍国と言われ、海軍もイギリスに次ぐとされていました。

そんなロシアに、小国日本が勝利することはできるのか。

乃木は第三軍司令官として参戦します。

ここで乃木に課せられた使命は、当時世界最強と言われたロシアのバルチック艦隊が到達するよりも先に、旅順要塞を攻略することでした。この旅順包囲戦は激しく過酷で、戦場は瞬く間に死体の山となり、乃木は1万人以上もの犠牲者を出してしまいます。旅順要塞は短期間で陥落するという楽観論が大半だったので、なかなか旅順を陥落できない乃木に、陸軍内にとどまらず、国民からの批判も高まりました。

乃木邸は国民から石を投げられ、乃木の更迭や切腹を求める手紙が2400通も届きました。考えられますか？　その当時で2400通の誹謗中傷です。

しかし、この状況下で、乃木の続行を主張したのは明治天皇でした。

もしもここで乃木を交代させたら、乃木は生きていないだろうと考えたのです。

ここでわかることは、どんな時代でもおかしな誹謗中傷を出す人間はいて、しかしそんなことは本当にわかっている人からしたら大した話ではないのです。

明治天皇の深いお心を知った乃木は、「一将軍の自分をこれほどまでに思ってくださるとは」と感激します。そして自らを奮い立たせ、激戦の末に旅順を陥落させることができたのです。ちなみにこの日露戦争で、乃木の息子は二人とも戦死しています。

旅順要塞を陥落させた後、乃木は要塞司令官ステッセルと会見しました。

この会見で、乃木はステッセルに対して紳士的に接し、帯剣することを許して、酒を酌み交わし、打ち解けました。

従軍記者から会見写真の撮影を求められますが、「敵将に対して恥を残すような写真を取らせることは、日本の武士道が許さぬ」と、1枚しか写真を撮らせず、ステッセルたちロシア軍人の名誉を重んじたのです。

この旅順要塞攻略と、敗軍の将を全く貶めることのない軍人として余りに美しい会談時の対応は、世界的に称賛されました。ですが、旅順攻略には勝利を収めたものの、この戦いで1万5000人以上もの戦死者と、4万4000人もの戦傷者を出してしまいました。乃木自身もこの戦争で二人の息子を失ったことに、国民は同情的で「一人息子と泣いてはすまぬ、二人亡くした人もいる」という俗謡が流行ったりもしました。夫や子供を戦争で失った多くの国民の怒りを抑えるため、軍にとって乃木の息子たちの死はどう映ったのでしょうか。

多くの犠牲を出したことに責任を感じた乃木は、明治天皇に「割腹してこの罪を償いたい」と訴えます。それを聞いた明治天皇は「今は死ぬべき時ではない。どうしても死にたいというのなら、朕が死んでからにしなさい」と伝えられたそうです。

そこで乃木は、全国の遺族を訪問し、傷病兵を見舞い寄付を送り、敵側であったロシア兵の慰霊までも、欠かすことなく続けました。

また、戦争で腕を失った兵士のために、自分の年金を担保に、自ら設計に参加して乃木式義手を製作し、配布したのです。そしてこの義手で書かれた負傷兵からのお礼の手紙が届くと、乃木は喜んだそうです。

天皇の養育役

その後、乃木は明治天皇の命により、学習院院長に就任します。明治天皇は、後の昭和天皇となる孫・裕仁親王の養育を、乃木に任せようと考えたのです。

また、旅順要塞攻略で二人の息子を失った乃木に、生徒たちを自分の子供と思って育てるようにとも述べられました。

院長となった乃木は、自宅へ帰るのは月に一、二度くらいで、それ以外の日は学習院の生徒たちと寄宿舎で寝食を共にしました。乃木は生徒に親しく声をかけ、よくダジャレを言っては笑わせ、生徒たちも乃木を「うちの親父」と親しみを込めて敬愛していました。

裕仁親王も乃木に懐き、東宮御所から車で送迎されていた通学を、乃木に徒歩で通うように言われると、どんな天候の日でも、歩いて登校されるようになりました。昭和天皇になって後、自身の人格形成に最も影響があった人物に乃木を挙げるほど、親しんでいました。


しかし明治最後の年7月30日、乃木の唯一の「生きる理由」であった明治天皇が、宝算59で崩御されました。

その後の9月13日、明治天皇の国葬・大喪の礼が執り行われた夜、乃木希典と妻の静子は自刃により亡くなりました。乃木希典は62歳、静子は52歳でした。

乃木は遺書に、「不明なことは静子に聞くように」と書いており、その時点では静子が死ぬことは想定していなかったようです。

乃木の訃報に、乃木を慕っていた当時11歳の裕仁親王、のちの昭和天皇は「残念なことである」と涙を流しました。

乃木の葬儀は大喪の礼から5日後に行われましたが、乃木夫妻の自宅から青山葬儀場までの道には推定20万人とも言われる数の一般国民で埋め尽くされ、海外からも多数参列したことから「世界葬」とも表現されたそうです。

各地に建った乃木神社

死後、乃木は軍神として神格化され、各地に乃木神社が建てられました。その中の幾つかをご紹介しましょう。

まずは乃木の別邸がある那須塩原市の乃木神社。乃木希典を祀る神社を創立しようという声が上がり、大正5年に社殿が建立されました。境内とその周辺は乃木公園となっていて、参道には約100本ものソメイヨシノの並木道が続いています。

次に郷里の下関市にある乃木神社。乃木の郷里である長府に乃木記念館が結成され、ここに隣接して大正9年に乃木希典を祀る乃木神社が設立されたものです。乃木記念館は乃木が幼少期を過ごした旧家を復元し、幼少期の像や遺品などを展示しています。
他にも明治天皇陵の麓に建立された京都市伏見区の乃木神社や、乃木夫妻が自刃した邸宅の隣に建立された乃木神社もあります。ここでは女性アイドルグループの乃木坂46が、毎年初詣や成人式に訪れています。

乃木坂といえば、東京都赤坂にある乃木坂も、寂しい場所にあったことからもとは「幽霊坂」と呼ばれていましたが、この坂の近くに乃木希典の邸宅があり、死後、乃木夫妻を悼んで「乃木坂」と名前が代わりました。
この辺りは軍人の神社が多いのですが、私はこの駅と赤坂の間に事務所を持っていて本当によく通いました。大都会の中なのに閑静な素晴らしい神社です。

そして次に紹介する人物もまた、乃木同様、大都会の中に祀られている軍人です。

GREAT PERSON No.23

［世界の海戦の常識を覆した名将］東郷平八郎

原宿に鎮座している東郷神社を知っていますか？　この東郷神社に祀られている祭神こそ、東郷《とうごう》平《へい》八郎《はちろう》です。東郷は、薩摩藩今の鹿児島県出身の海軍軍人です。子供の頃のあだ名は「ケスイボ」。その意味は腕白で利発、弁が立ち、おどけたひょうきんもの、というもの。

しかし、彼は武家の子供であったことから、幼少期から武道と学問に励みました。少年期には藩校である造士館で学び、英語や航海術に関心があった東郷少年に人生の転機が訪れます。

初陣・薩英戦争

「薩英戦争」です。この時東郷少年は、15歳で初陣を遂げています。薩摩藩士の砲台による総攻撃により、イギリスは上陸を断念しました。それを見た東郷は「海より来れる敵は海にて防ぐべし」と学んだといわれています。

東郷は薩英戦争を経て海軍を志すようになり、東郷が20歳の時に戊辰戦争が勃発しました。新政府軍と旧幕府軍による戦いです。

東郷は新政府軍の軍艦「春日」の三等砲術士官として、阿波沖海戦に参戦しました。日本史上初となる、近代軍艦による海戦でした。

戦いは新政府軍が勝利を収めましたが、東郷は戦争に心を痛め、鉄道技師を志すようになります。東郷は鉄道技師になるため、イギリス留学を希望しますが、結局、明治3年に23歳で海軍軍人を目指してイギリスに渡りました。

どうして彼は海軍軍人を目指すようになったのか？　それには、大久保利通と西郷隆盛が関係しています。東郷はまず、イギリスに留学するために大久保利通に頼み込むものの、「おしゃべりだからダメだ」と、いい返事はもらえませんでした。

そこで今度は西郷隆盛に頼み込むと「日本が世界と渡り合うためには海軍の存在が不可欠」と言われ、東郷は、悩んだ末に鉄道技師としてではなく海軍軍人を目指してイギリスに渡ったというものです。

イギリスに渡った東郷は、商船学校のテムズ航海訓練学校で国際法を学ぶことになります。この経験が、後の高陞号《こうしょうごう》事件で活きることになります。

東郷は、当初は人種差別を受けていたものの、戊辰戦争に従軍していたことが周りに知れ渡った途端、周りの生徒たちからの尊敬を受けることになり学校の成績も優秀で卒業して、日本に帰ることになります。

帰国後、東郷は海軍軍人となり7月には中尉として軍艦「扶桑」に乗船します。しかし海軍入隊後の東郷は病気がちで、１８８６年には大佐になるものの、同じころリウマチや気管支炎にかかります。

１８８９年には呉鎮守府の参謀長に就任するも、療養のため休職することも多かったそうで、そのせいで、海軍のリストラ名簿に名前が記載されたほどだそうです。

ハワイのクーデターと高陞号事件

そんな東郷が47歳の時に事件が起こります。

当時ハワイは独立国でしたが、ハワイ王国のリリウオカラニ女王が、アメリカとの不平等条約を撤廃する動きを見せると、これに強く反発したハワイ在留のアメリカ農場主らが、海兵隊１６０名の支援を得てクーデターを起こし、臨時政府を樹立。ハワイのアメリカへの併合を求めたのです。

アメリカの軍艦「ボストン」は、王宮に主砲を向けて女王の退位を迫ったとされます。この時日本は、ハワイ在留日本人の保護を理由に、東郷率いる巡洋艦「浪速」と戦艦「金剛」をハワイに派遣します。ハワイの明治元年時点でのカラカウア国王は親日家で多くの人がハワイ移住していたのです。

東郷はホノルル港に到着すると、停泊していた「ボストン」を威嚇し、「武力でハワイ王政を倒す暴挙が進行している。我々は危険にさらされた無辜《むこ》の民の安全と保護にあたる」という声明を出しました。この時、アメリカによるハワイ併合は見送られ、ハワイ市民は涙を流して喜んだと言われています。

明治30年、最終的にハワイは併合されてしまいましたが、東郷がハワイのためにアメリカと戦ったことは、ハワイの人々の心に残りました。20世紀初頭には、ハワイの4割を日系人が占めていたそうですよ。


その後、東郷は、巡洋艦「浪速」の艦長になりました。

この時に起きたのが先述した「高陸号事件」でした。

1894年7月25日朝鮮半島西岸の豊島沖で、東郷の乗った「浪速」は、英国商船旗を掲げた「高陸号」と出くわします。船にはイギリス人船員数名と、清国の兵士1100名が乗っていたほか、大砲や武器も積まれていました。高陸号は、清国に雇われ兵士を輸送している最中だったのです。

「イギリス商船という形を呈しているが、清国の兵士や大砲や武器を乗せている。あれは実際のところは、清国の軍艦だ」と東郷は見破ります。そして、東郷は、「英国で学んだ国際法を活かすのは今だ」と国際法に則った対応をしていきます。

まず、高陸号の船長に随行を伝え、同意を得ますが、清国兵士はそれを拒否。交渉は2時間にも及びましたが、船内には不穏な動きが見えました。

そこで東郷はイギリス人船員たちに船から飛び降りるよう命じ、高陸号に「撃沈します」という信号旗を掲げると、魚雷で砲撃を開始しました。

イギリス人船員たちは救出されましたが、清国兵士の多くは死亡しました。

高陞号撃沈を受けて、イギリスからは日本に対して抗議を受けましたが、時間が経過して、浪速の艦長東郷平八郎は、国際法に従って措置をしていたことや、イギリス人船員たちの救出の件が伝わっていき、この件は沈静化の一途をたどっていきます。

またイギリスの国際政治学者も「東郷の行動は国際法に背馳《はいち》していない。それゆえ日本政府が英国に謝罪する義務は生じない」という意見がニューヨークタイムズに寄せられ、イギリスの世論も鎮静化します。

東郷平八郎の強運

その後、東郷は日清戦争を経て彼の名前を世界に轟かせた日露戦争へと進んでいきます。日露戦争の前は、彼は舞鶴鎮守府の初代司令長官になっていました。

そして、日露戦争の前に海軍大臣山本権兵衛により連合艦隊司令長官に任命されます。明治天皇は、山本に「どうして東郷を連合艦隊の司令長官にしたのか?」と聞くと山本は、「東郷は運のいいやつですから」と答えたと言われています。

当時、ロシアは「ウラジオストク」（＝太平洋を制覇せよ）という意図のもと南下政策を推し進めていました。いずれロシアと戦争になるという機運が高まってましたし、ロシアは、バルチック艦隊と旅順艦隊という２セットの艦隊を持ち、イギリスにつぐ第二位の海軍力を誇っていました。しかし、日本海軍は、連合艦隊という１セットの艦隊しかありません。

山本は、「普通に考えたら日本がロシアと戦争したら確実に負ける。だからこそ日本が勝つためには運を味方にしないとダメだ」と人知を超えた東郷の運の良さに日本の運命を託したかったのかもしれませんね。

しかしこの後、本当に強運と言える事件が起こります。

連合艦隊司令長官になった東郷平八郎は、「智謀湧くが如し」と言われた伊予出身の名参謀・秋山真之や島村速雄や後に「危機の時代のろうそく」と世界で絶賛された加藤友三郎といった参謀を抜擢していきます。日露戦争の作戦内容は全てこの秋山や島村に一任していたとされています。

日露戦争で東郷が果たした役割は、大きく旅順港閉塞作戦と日本海海戦の二つになります。旅順港閉塞作戦は、ロシアの主力艦隊の一つであった旅順艦隊を閉じ込めてその力を封じようという狙いで行われました。日本としては、旅順艦隊とバルチック艦隊という2セットの艦隊が合流してしまうと、日本の連合艦隊1セットでは到底勝ち目がないわけです。だから、日本海軍は、旅順港から出てこようとしない旅順艦隊をこの際、閉じ込めて無力化しようとしたのです。

旅順港の閉塞作戦は結果的には失敗して「初瀬」「八島」という二つの戦艦を1日で失ってしまいます。しかし、東郷は、一切慌てる様子や不安を部下に見せず、平静を保って海軍内の動揺をおさめ、士気を高めました。

東郷が平静を保ち、海軍内の動揺を収まったことで、参謀たちは、「陸軍に旅順港の背後にある旅順要塞を陥落させて、無理やり旅順艦隊を引きずりだそう」という作戦に切り替えることになります。

そこで陸軍に「旅順要塞を陥落させてほしい」と要請します。この時、旅順要塞を攻めたのが、先に挙げた乃木希典だったのです。

この海軍からの要請に応えて、陸軍は旅順要塞の203高地を攻略、旅順艦隊は、旅順港から出て来ざるを得ない状況になります。

そういう流れで起きたのが黄海海戦でした。この海戦で日本海軍に求められたのは、旅順艦隊を徹底的に打ちのめして、二度と再起できない状況にすることでした。

しかし、戦いが始まり、そろそろ日没という状態になり、思うような戦果があげられていない状況でした。

そして、みんながもうダメかと思ったその時！

旅順艦隊の主力艦であったツエザレーヴィッチの司令塔に日本海軍から放たれた砲弾が直撃して、旅順艦隊の指揮をとる司令官が戦闘不能になり、旅順艦隊はバラバラになってしまったのです。

山本権兵衛の「東郷は運のいいやつですから」という言葉は、この時成就することになったのです。

こうして黄海海戦は日本海軍の完全勝利となり、結果的に旅順艦隊は、二度と再起できない状況になります。

世界最強バルチック艦隊を撃破する連合艦隊

残すところは、世界最強の艦隊であるバルチック艦隊を撃破するだけです。

1905（明治38）年5月27日の正午過ぎ、対馬海峡で待ち伏せしていた連合艦隊とバルチック艦隊が相対しました。

その距離8000mになった時、東郷はさっと右手を上げ、左の方に折れよと指示を出しました。これが丁字戦法、通称「東郷ターン」といわれている戦術です。

この急激な進路変更で、連合艦隊の12隻は直進してくるバルチック艦隊に対して横腹を見せる恰好になって進み、一列になって進んでくるバルチック艦隊の先頭艦を押さえつけるような位置へと進んでいきました。バルチック艦隊は、次々に横向きになる日本軍が撤退しているのだと思い、砲撃をしてきました。

東郷が乗っていた「三笠」も猛攻撃を受けますが、東郷は動じることなく反撃をしません。周りからどうか東郷さんは艦内にいて欲しいと懇願されます。

しかし「おいは、ここから一歩も動きもはん」とその場を離れず、これが三笠の乗員を鼓舞したとも言われています。

そして、その距離６０００ｍにまで来た時初めて、連合艦隊は砲撃を開始しました。当時の軍艦は主砲が艦首と艦尾にあって、左右どちらに向かっても攻撃できたのですが、副砲は舷側に固定してありました。そのため、敵艦に対して真横に位置すれば、副砲も打ちやすく命中率も高くなるのです。

その頃、第三、第四戦隊はターンすると見せかけ、バルチック戦艦の後尾に回って攻撃するため南下を始めました。バルチック艦隊は指揮艦が沈没し、陣形を乱し、次々と撃沈されます。この過程の中で、ロシア艦隊が降伏の旗を掲げました。しかし、東郷は砲撃をやめさせません。

この時、「敵は降伏しました。武士の情けです。砲撃をやめさせてください！」と言った参謀・秋山真之に、「本当に降伏するのなら、機関を停止しないといけない」と国際法を網羅している東郷ならではの返答をしたと言われています。

結果、バルチック艦隊はこの日本海海戦でほぼすべての戦力を失い、連合艦隊の一方的勝利となりました。この海戦での勝利は、東郷の名を世界中に知らしめました。

当時、ロシアの圧政に苦しめられていたオスマン帝国では、まるで自国の勝利のように喜ばれ、その年に生まれた子供の中には「トーゴー」と名付けられた子もいたほどです。また、日本の同盟国イギリスでは東郷を、自国の英雄的存在だった海軍提督になぞらえて「東洋のネルソン」と称しました。

しかし東郷が世界中から称賛を集めたのは勝利のためばかりではなく、その高潔さにもありました。日露戦争で捕虜になった司令長官のロジェストヴェンスキーを見舞いましたし、連合艦隊が解散する時の「勝って兜の緒を締めよ」という兵士たちへの訓示は、今も有名な言葉ですね。

この東郷平八郎を尊敬していたのが、第6代国連事務総長を務めたブトロスガーリでした。彼は、訪日したら必ず東郷神社に参拝していたそうです。

「小さい頃、ものすごく励まされた、心を解放された」と言っています。

事務総長時代も、部下が「ロシアが気を悪くするから頻繁に行かないで欲しい」と言ってもまったく意に介すことがなかったそうです。

東郷は、1934年5月30日、喉頭癌のため86歳で薨去《こうきょ》。

全国から膨大な数の見舞状が届けられました。ある小学生が書いた「トウゴウゲンスイデモシヌノ?」という文面が新聞に掲載され、大きな反響を呼びました。子供たちにとって、東郷は神様のような存在だったのです。

東郷さんのビーフシチュー

最後に、そんな東郷にまつわるエピソードを紹介します。

東郷は、イギリス時代に食べたビーフシチューが忘れられず、部下にどうしてもビーフシチューが食べたいと駄々をこねたとか。

しかもあろうことか、レシピもなく、「牛肉とじゃがいもと人参が入っている」とだけ説明。

通常のビーフシチューは、具材に加え、ワインやデミグラスソースが入っているのですが、なんとその部下は、ワインやデミグラスの代わりに醤油と砂糖を入れて、結果的にできたのが「肉じゃが」だったという話なのです。

といっても、実はこのエピソード、後世に広まった創作だと言われているのですが、とにもかくにも色んなところで登場する東郷平八郎さんでした。

東郷平八郎ゆかりの神社、東郷神社には「Z旗」というものがあります。

「皇国の興廃この一戦にあり、各員一層奮励努力せよ」

これは、連合艦隊がバルチック艦隊と遭遇した際にすべての兵員にアナウンスされた有名な言葉です。

そして、このアナウンスとともに、戦艦三笠にZ旗が掲揚されました。

Z旗とは、Zがアルファベットの最終文字であることから、「この戦いに敗れたら後はない」という決戦の士気高揚を目的に使われたそうです。

必勝祈願のご利益のある東郷神社に、ぜひ実物を見に行ってみてください。

土岐総一郎の、ちょっと一言はさませて

私たちの親くらいの世代、つまり戦後に教育を受けた人は、軍人のことを良く

言ってはいけないという学校教育を受けています。

では、なぜ武将の話はしていいのでしょうか？

日本が海外に出兵した話も、大体において悪いエピソードとして紹介されます。たとえば元寇においては、まったく歯が立たなかったが、神風がラッキーで吹いたという内容で紹介されています。そんなわけがあるでしょうか？　世界最強のモンゴル民族を追い返すことができたのは、昔々、防人の時代から九州の防備を固めていたからではないでしょうか？

明治以降の軍人こそ日本を守った人たちなのに、それを悪く言うというスタンスには、私は正直辟易するものがあります。そろそろ諸外国の顔色をうかがうのではなく、自分たちの頭で考えて国の教育をするべきなのではないかと思います。

さて、軍人の話はここで一旦終わります。

奇遇な話なのですが、私の祖父は大東亜戦争中に海軍兵学校に行き、海軍将校になるための訓練を受けていました。その後戦争が終わり、東京商科大学に行ったそうです。現在の一橋大学です。

商業・経済というものを専門に勉強するところなわけですが、時代の流れは、私の祖父がそうであったように経済を重視するようになっていきます。

明治から大正、そして昭和を語る際に最も変わったことは経済、つまり豊かさの変化ではないかと思います。

ここから先は、日本という国が経済大国になる礎を築いた人たちの話をしようと思います。

GREAT PERSON
No.24

［「日本資本主義の父」だけじゃない］渋沢栄一

２０２４年７月から、１万円札の顔が福沢諭吉から渋沢栄一《しぶさわえいいち》に代わりましたね。

でも、渋沢栄一ってどんな人でしょうか？

もしかすると、明確に答えられる人は少ないかもしれません。

では、こちらはどうでしょう？

キリンビールやサッポロビールは知っていますか？

みずほ銀行や、東京海上火災は？

王子製紙や帝国ホテルはどうでしょう？

きっと、ほとんどの人が「知ってる！」「聞いたことある！」「使ったことある！」と答えるかと思います。今これを読んでる人の中には、もしかしたらそれらの企業で働いてる人もいるかもしれませんね。


渋沢栄一とは、明治時代に、これらを含む500近い企業の基を作ったり、運営に関わっていた人です。だからこそ「日本資本主義の父」と呼ばれています。

しかしそれは、彼の姿の一面でしかありません。

では渋沢栄一という人物のもう一つの面は？

彼の人生を振り返りながら、その側面に光を当てて見てみましょう。

縁は異なもの味なもの

渋沢栄一は江戸時代末期の埼玉県深谷で、米や麦などを作る農業の他に藍玉の製造販売と養蚕も手がける、豪農の家に生まれました。

栄一は幼い頃から父親に連れられ、信州や上州に藍玉を売りに行ったり、14歳の頃には一人で原料の藍の葉を買い付けに行ったりと、子供の頃から商売に携わり、商売の才能を育てられてきたのです。

また、幼い頃から学問や剣術も学び、その中で「幕府を倒して、天皇に忠誠を誓おう！」という勤王の志士たちとも交流を持つようになりました。そのため、栄一の中にも尊王攘夷の思想が芽生え、なんと、仲間たちと幕府を倒す計画を立てるのですが……周りの人たちに止められ、その計画は中止になりました。もしそのまま計画が実行されていたら、日本の歴史が変わっていたかもしれませんね！

そんな渋沢栄一ですが、「縁は異なもの味なもの」というのは男女だけにあらずで、なんとも不思議なめぐりあわせで、一時は倒そうとしていた幕府側のトップ、徳川慶喜の家臣として仕えることになったのです。

そして幕臣となった栄一は、慶喜の命令でフランスをはじめとするヨーロッパ諸国へ視察に行きました。そして、そこで見た先進的な産業や軍備、近代的なシステムに驚き、深く感動します。

ところがヨーロッパ滞在中、日本では大政奉還が行われ、一行に帰国が命じられました。帰国後、栄一は慶喜から「これからはお前の道を行きなさい」と言われ、フランスで学んだ株式会社のシステムを実践するための組織「商法会所」を作りました。

明治政府の重要ポストにいた大隈重信は、そんな栄一に目をつけます。

なんと、新政府の人材にスカウトしたのです。

そうして栄一は、「地租改正」や「鉄道・電信の建設」など、大隈重信のもとでいろいろな政策に携わりました。

しかし、予算編成を巡って政府陣と対立し、明治政府から去ることに。

「これでやっと自分のやりたいことに集中できるぞ！」と、民間人となった栄一は、すぐに第一国立銀行（現・みずほ銀行）を設立します。第一国立銀行は、日本初の株式会社であり、日本最古の銀行でもあります。

そしてその後、最初に挙げた以外にも、アサヒビール、東京ガス、日経新聞、東京電力など、様々な企業の設立に関わっていきました。

これが「日本資本主義の父」と呼ばれるゆえんですね。

利益と道徳は両立しなくてはならない

しかしこれとほぼ同じ時期に、栄一は、実は600もの社会事業にも関わっています。日本赤十字社などの医療機関や一橋大学、早稲田大学などの教育機関の設立や運営です。また、身寄りのない子供たちや病気で働けない人たちを保護する「養育院」

という施設の院長を60年も務めるなど、慈善家としての側面も持っていたのです。

さらには、当時は軽視されていた女子教育の必要性も考えて、日本女子大学や東京女学館といった女子校の設立にも関わったり、関東大震災の復興のために寄付金集めに走り回ったり。明治天皇崩御の際には、明治神宮の建立も主導して行いました。

栄一のすごいところは、多くの人がそうであるようにビジネスを引退してから慈善を始めたのではなかった点です。渋沢栄一は若い頃から、事業と同時に慈善活動も続けてきました。


さらに70歳でビジネス界を引退した後は、当時悪化していた日中・日米関係の改善のために、民間の立場としての外交に力を注ぎました。その功績が認められて、なんと二度ほどノーベル平和賞の候補に上がったほどです。

そんな栄一の理念は「道徳経済合一説」というもので、その考えは『論語と算盤《そろばん》』という著書にも書かれています。

論語というのは、道徳的なあり方や考え方を意味し、算盤というのは、ビジネスなど利益を求める活動を表しています。

「企業の目的が利益の追求なのは間違いないものの、その根底には道徳がなければいけない」

「利益を独占するのではなく、国全体を豊かにするために、富は全体で共有するものとして社会に還元すること」

「道徳とかけ離れた詐欺やペテン的な商才は、本当の商才ではない」

ということを主張しています。

つまり、利益ばかり追求するビジネスでは社会が壊れてしまう。かといって、道徳ばかりを重んじていたのでは貧しい国になってしまう。

だから道徳とビジネスのバランスの両方を合わせた、バランスの取れた社会でないと発展していかないと考えていたのです。拝金主義で崩壊しかけた世界経済の中で今、日本の渋沢栄一の「論語と算盤」が注目を集めています。

その考え方が見直されているからこそ、お札になっているのかも知れませんね。

100年以上も前の日本に、こんな素晴らしいお手本があったのです。私たち一人ひとりが、どう働くべきか？　どう社会と関わっていくべきか？　渋沢栄一の考え方は、そういった生き方の指針にもなると思います。興味を持たれた方は、『論語と算盤』を読んでみてくださいね。

渋沢栄一には、ちょっと変わったゆかりの地があります。

ずばり、「小惑星渋沢栄一」。火星と木星の間で発見された小惑星で、小惑星ハンターとして知られているアマチュア天文家二人組によって発見されました。

渋沢栄一の地元・埼玉県深谷市が、郷土の偉人の名前を小惑星につけようという町興しの一環としての取り組みで、命名権を持つ発見者に依頼して叶いました。

ぜひ、宇宙レベルのお金持ちになって行ってみてください！

続いては、世界に誇る日本企業だと私が思っている会社を興した方を紹介したいと思います。

GREAT PERSON No.25

［織機に革命をもたらした天才発明家］

豊田佐吉

日本を代表する自動車メーカー「トヨタ自動車」、そしてトヨタグループの創始者・豊田喜一郎の父親であり、その礎を築いた人物こそが、豊田《とよだ》佐吉《さきち》です。

豊田佐吉は織物産業に革命を起こした発明家で、挫折にも負けないそのチャレンジ精神が、日本の産業全般に深い影響を与えました。

なぜ豊田佐吉が今でもたくさんの人々に尊敬され、学ばれ続けているのか。

彼が伝説となった理由を振り返ってみましょう。

「むっつり佐吉」が内に秘めた情熱

豊田佐吉が生まれたのは、静岡県の貧しい農村でした。

一家は祖先から受け継いだ土地で農業を営んでいましたが、それだけでは食べていけないため、父親は大工を、そして母親は家事や農作業の合間に機織りで生計を立てていました。佐吉も子供の頃から、大工見習として父の仕事を手伝います。

無口で内気な佐吉少年は、周りの友人たちから「むっつり佐吉」とあだ名を付けられてしまいます。ところが、内側には人並外れた知識欲を秘めていた佐吉、大工仕事の合間に、新聞や雑誌を貪るように読み、時々何やら考え込むことも多かったそう。

その頃、彼が心に深く誓っていたのは、「せっかく男として生まれたのだから、お国のために何かを成す」ということでした。

そんな佐吉が「発明」に出会ったのは18歳の時。きっかけは、新聞で「専売特許条例」という新しい条例が施行されることを知ったことでした。

それは、新しく何かを発明した人に、独占的な権利を認めるというもの。

自分が求めていたのはこれだ！　と、佐吉は閃きました。

今までにないものを世に生み出すことで、国の役に立てると考えたのです。

しかし、いざ発明をしようと思っても、そんな知識など習ったこともなければ、周りに見本があるわけでもない。まったくゼロからのスタートです。

そこで佐吉はなんと、家族にも相談せず突然東京へと旅立ちました。

行きついた先で夜な夜な行っていたのは、工場に忍び込むこと。忍び込んだ工場で、珍しい外国製の機械を見て回ったのです。時には守衛に見つかり、追いかけられることもあったとか。

そうやって学んだ佐吉が発明しようとしたのは、自動の織機です。

母親が使っているような、効率の悪い手織りの織機ではなく、自動で作業する織機を作れば、もっと早く大量に木綿を織ることができるようになり、それによって日本が豊かになると考えたのです。

棉花の産地である遠州地方（静岡県西部）で作られている伝統的な織物を、遠州木綿といいます。柔らかな肌触りが特徴です。綿花を栽培する農家が自給自足で始めた、手織りによる綿織物が市場に出回るようになったものです。

佐吉の時代は、農家の副業として、家計を助ける重要なものでした。

「だぼら」と呼ばれる発明の鬼

試作品を作っては壊し、また作っては壊し。

効率よく織れる織機の発明に夢中で打ち込んだ佐吉は、本業の大工仕事がおろそかになり、父親の怒りを買ってしまいます。

材料費もかさみ、親戚や友人からの借金もふくらみ、それでも「国のための大仕事」だと言ってあきらめない佐吉を、村の人々は「『だぼら（大げさでくだらないほら話）』の佐吉」と呼んで馬鹿にしました。

佐吉は村中の人に笑われても、父の目を盗み、納屋に隠れて、作り続けました。

そして23歳の時、やっと自動織機の発明に成功するのです。

この織り機は、それまでの手織のものより1・5倍も効率的に布を織ることができ、織物産業に大きな革命をもたらしました。

それからさらに改良がされ「豊田式木製人力織機」と名付けられ、翌年には特許がおりました。

これで確かに効率は上がったものの、佐吉が本当に作りたかったのは人力に頼らず、何らかの動力で動かす「動力織機」でした。この成功で満足しない佐吉は、さらに発明に没頭してしまいます。なんと、長男の誕生の時にさえ、家に戻らず研究を続けるほどでした。

ついに開発成功！　完全自動織機

１８８９年４月〜７月の４ヶ月間、東京上野公園で開催された明治政府主催の博覧会。国内の産業発展を促進し、明治維新でもたらされた新しい技術や文化を国民に伝えるため、全国からたくさんの出品物が集められました。

この会場に建てられた「機械館」に、佐吉は2週間もの間通いつめ、当時の最新の技術で作られた機械を見て回り、仕組みを理解しようとノートにスケッチを取ったりもしていました。この経験が、佐吉の発明を成功へと導きます。

佐吉は寝る間も惜しんで改良に改良を重ね、29歳の時、ついに世界初の自動織機「豊田式木鉄混製力織機」を完成させました。

次の年には特許を取得。「豊田式汽力織機」として売り出されました。

この自動織機は、糸が切れると自動で止まる機能を持っていて、作業の効率を大きく向上させてくれました。さらに、これまで高価だった織機を、木材と鉄を組み合わせることで安くて頑丈にすることができたのです。この技術で生産性は上がり、織物の品質も格段に上がり、佐吉の発明は日本国内外で高く評価されました。

それから時は過ぎ、28年後。57歳になった佐吉は、長年の理想だった完全な自動織機「無停止杼換式自動織機G型」を誕生させました。これは、機械を止めずに糸を補給し続けることができ、一人の作業員が同時に30~50台を操作できるという驚きの優れモノで、「世界一、偉大な発明」と評価されました。

実はこの自動織機の開発には、息子・喜一郎も関わっていて、豊田親子による最初で最後の合作になりました。

昭和2年、豊田佐吉は紡織産業の発展に貢献したことが認められ、勲三等瑞宝章を授与されました。そして天皇陛下に単独で拝謁することが許されたのです。

また、没後の年には従五位に叙せられ、１９８５年には工業所有権制度１００周年を記念し、さらに「日本の偉大なる発明者10人」に選ばれ、政府から特別顕彰されました。

だぼら、つまり大ボラと言われた彼の哲学はもはや、大ボラよりも大きくなり、世界中に響いています。世界で一番鳴り響いている日本の音は、間違いなくTOYOTAの車から出る音です。

日本の発展に絶大な貢献をした豊田佐吉の生誕120年記念の日に、彼の功績を称え、静岡県湖西市に「豊田佐吉記念館」が設立されました。

この記念館では、佐吉の生涯や発明品、業績について展示されており、多くの人々が彼の功績を学び、敬意を表しています。また、彼の発明品や自動織機の実物も展示されており、訪れる人々にその偉業を直接感じる機会を提供しています。

ちなみに、学問の神様で名高い「菅原道真公」を祀っている岩津天満宮に、豊田佐吉が参拝していたことをご存じですか？

岩津天満宮は、病気平癒の神社としても知られています。幼少期、病弱だった豊田佐吉は身体を鍛えるため、静岡県西部から100㎞もの道のりを歩いて岩津天満宮まで健康祈願に通っていたそうです。いいや、それとんでもない体力ですよね。

土岐総一郎の、ちょっと一言はさませて

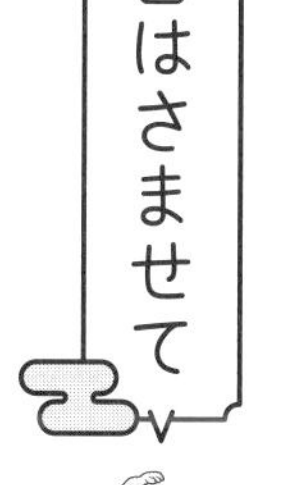

私は世界中を旅してきましたが、海外の人の日本のイメージはTOYOTAです。

本当に世界のどこに行っても走っているんじゃないかというくらい、トヨタ車は走っています。日本人としてこんなに誇らしいことはありませんよね。

もちろん他の自動車メーカーもたくさん走っています。HONDA、三菱、スズキ……日本人の作った車は、今も世界中を動かしているのです。日本人の創ったものは世界で活躍できる、それをわかりやすく実感させてくれるものが自動車なんじゃないかと思います。その礎を築いた豊田佐吉は、間違いなく日本の偉人の一人です。

さて、豊田佐吉が亡くなった1930年を過ぎ、時代は第二次世界大戦へと突入していきます。

日本にとっては大東亜戦争になります。日本が海外との戦争に負けたのは二度目。一度目は日本ができてから1323年、白村江の戦いです。そして二度目がこの大東亜戦争、敗戦は1945年。日本建国から2605年です。

その間に活躍した日本人の話をするのは、学校ではタブー扱いされていたようですが、私はここからが、現代に生きる日本人にとって重要な話になるのではないかと思っています。

日本人というのは当時の国際社会において人種差別を撤廃することに腐心していました。世界で初めて国際連盟に対して日本が人種差別撤廃条約を提出しているのです。第一次世界大戦ののちのパリ講和会議で提出しました。そしてこれは賛成多数だったにもかかわらず、全会一致ではないので棄却されているのです。

日本の建国の理念はなんだったか、みなさんは覚えているでしょうか？
「八紘一宇」です。
世界のみんなが兄弟のように同じ家に住めるようにすることです。

第二次大戦の最中、人種差別が当たり前の白人国家が多数を占める国際社会で、
その理念はどのように体現されたのでしょうか？

GREAT PERSON
No.26

［東洋のシンドラー］杉原千畝

第二次世界大戦中に、ナチスドイツの迫害から約６０００人ものユダヤ人の命を救い、「東洋のシンドラー」と呼ばれた日本人がいます。

彼の名は杉《すぎ》原《はら》千《ち》畝《うね》。リトアニア駐在の外交官でした。

１９３９年、ドイツとソ連の動向を探り情報を収集するため、リトアニアに日本領事館が開かれました。そこに着任が決まったのが杉原です。

その４日後、第二次世界大戦が始まると、ナチスドイツがポーランドに侵攻し、占領を広げていきました。ポーランドに住んでいた約20万人以上ものユダヤ人たちに、ナチスドイツの迫害の手が伸びます。

ユダヤ人への迫害は激しくなる一方です。ガス室に送られ大量虐殺、銃殺刑や絞首刑、餓死させられる人々もたくさんいました。そのため、杉原のいるリトアニアにも大量のユダヤ人難民が逃れてきました。

さらに、ドイツとソ連との密約によってソ連がリトアニアを占領することになり、ユダヤ人たちは西側からナチスドイツ、東側からソ連にと挟まれる形になりました。ユダヤ人たちが迫害から逃れるために残されていたのは、シベリア鉄道でソ連を横断し、日本経由でアメリカなどへ逃げるルートでした。

そんな中、各国の領事館へは、ソ連からの国外退去命令が出されました。

杉原のいる日本領事館も例外ではありません。

しかし各国の領事館が閉鎖されていく中、日本領事館の前に、迫害から逃れてきた大勢のユダヤ人難民たちが助けを求めて詰めかけていました。彼らは、唯一の脱出ルートで逃れるための、日本の通過ビザの発給を求めていたのです。

その光景を目の当たりにした杉原は、大勢のユダヤ人たちをなんとかして助けたいと思いました。

しかし、日本の外務省からは発給の許可がおりません。日本政府としては、日独伊三国同盟を控えていたため、ドイツの機嫌を損ねたくなかったのです。

外交官である杉原は当然、政府の命令に従わなければなりませんが、目の前の助けを求める人々を見捨てることができませんでした。

「領事の権限でビザを出すことにする。いいだろう？」

杉原は妻に尋ねました。

「後で、私たちはどうなるかわかりませんけど、そうしてあげて下さい」

杉原夫人は同意しました。

「私は人道上、どうしても拒否できない」

悩みに悩んだ末、杉原は独断でビザを発給することを決断しました。

そして一人でも多くの命を救うため、入国ビザを必要としない南米スリナム、キュラソーなどのオランダ領行きのビザを、寝る間を惜しんで書き続けました。

日本からは何度もリトアニアから退避するようにと勧告を受けながら、それでも杉原はその後1ヶ月間、ビザを発行し続けました。

書いて、書いて、書き過ぎたせいで、万年筆は折れ、腕も痛めてしまいました。

領事館が閉鎖された後も、杉原は滞在先のホテルで書き続けます。

そしていよいよリトアニアからの出国が迫った最後の日も、杉原は駅の電車の中で発車間際まで書き続け、最後のビザは車窓から手渡ししました。

「許してください、もう書くことができません。みなさんのご無事を祈っています」

そう頭を下げる杉原に、駅にいたユダヤ人たちは「私たちはあなたを忘れません。またお会いしましょう」と感謝を伝え、列車を見送りました。

2139枚の命のビザ

この時、杉原によって発給された「命のビザ」は、2139枚にものぼります。ビザは一家族につき1通でよかったので、杉原によって救われたユダヤ人は6000人以上だったといいます。

リトアニアのカウナスには、杉原千畝記念碑があります。

この記念碑は、彼が「命のビザ」を発行したカナウス領事館の建物がそのまま博物館になったもので、今でも多くの人々が訪れて彼の偉業を称えています。

杉原千畝が実際に使っていた机や、その上には発給されたビザの複製などが展示されており、当時の様子を再現しています。

1945（昭和20）年8月15日、第二次世界大戦終結。

この時、杉原千畝はルーマニアの日本公使館に勤めていましたが、敗戦国の外交官ということで、家族ともどもソ連軍に身柄を拘束され、現地の捕虜収容所に連行されました。そして収容所での生活が一年半ほど続き、ようやく日本へ帰国できました。

その後、彼は外務省を退職します。

「命のビザ」発給から28年後の1968年、杉原の元に日本にあるイスラエル大使館から呼び出しの連絡がありました。

大使館を訪ねると、待っていたのは、一人のユダヤ人男性。ボロボロになった当時のビザを持っていた彼は、ビザを発給したユダヤ人の代表ニシュリ氏でした。

「やっと約束を果たすことができました！」

彼は杉原に会うと、泣きながら感謝の言葉を伝え、再会を喜びました。

「命のビザ」によって無事にリトアニアを脱出できたユダヤ人たちは、戦後杉原の行方を探していたのです。

しかし当時、外務省の同僚だった人たちの中では「杉原はユダヤ人に金をもらってやっていたのだから、金には困らないだろう」という悪意に満ちた噂が流されていたとのことです。そしてユダヤ人たちが外務省に杉原の名前を問い合わせても、この時まで探し出すことができなかったのです。

「あなたの書いたこのビザによって、私と大勢の仲間の命が救われました」

そう涙ながらに話すニシュリ氏の言葉に、この時になって初めて、杉原は自分のやったことが無駄ではなかったと知ることができたのです。

簡単ではない「当然のこと」

イスラエルのエルサレムには「チウネ スギハラ広場」があります。

この広場は「命のビザ」によって救われた「スギハラ・サバイバー」やその子孫たちの要望で造られました。

杉原の発給したビザで生き延びた人々の子孫は、こんにちでは25万人にも及ぶと言われています。彼らは杉原の行動に感謝し、彼の名前をつけた広場を設立しました。この広場は、杉原千畝の人道的行動を称える場所として多くの人々に知られています。

1981年、ドイツ人ジャーナリストのゲルハルト・ダンプマンは著書『孤立する大国ニッポン』(塚本哲也訳、阪急コミュニケーションズ)の中でおよそ次のように記しています。

「戦後日本の外務省が、なぜ杉原のような外交官を表彰せずに、追放してしまったのか、なぜ彼の物語は学校の教科書の中で手本にならないのか(このような例は決してほかにないというのに)、なぜ劇作家は彼の運命をドラマにしないのか、なぜ新聞もテレビも、彼の人生をとりあげないのか、理解しがたい」

その後1983年に、フジテレビで「運命をわけた1枚のビザ――4500人のユダヤ人を救った日本人」が放送されました。

そして1985年1月18日、イスラエル政府より、多くのユダヤ人の命を救った功績が認められ、日本人初で唯一の「諸国民の中の正義の人」として「ヤド・バシェム賞」を授賞、同年11月には、エルサレムの丘で記念植樹祭と顕彰碑の除幕式が執り行われました。1996年にはポーランドから、優れた社会活動を称えて「ポーランド共和国功労勲章」を、2007年には「ポーランド復興勲章」が授与されました。

「大したことをしたわけではない、当然のことをしただけです」

杉原千畝の言葉ですが、あの状況下で「当然のこと」をできる人が、一体どれほどいるでしょうか。

杉原千畝の本籍地である岐阜県加茂郡八百津町に造られた記念館があります。

ここには杉原の遺品や写真、当時のビザの複製などが展示された展示室や、実際に命のビザを書いたリトアニア日本領事館の執務室を再現した「決断の部屋」など、杉原千畝の人道的な行為について学び、体感することができます。

しかし杉原千畝の他にも、彼と同じように民族的差別に捉われず、命を重んじ自分の中の義に忠実に行動する日本人は多くいたのです。

次に紹介する人物も、そんな人物の一人です。

実は、この杉原千畝さんの行動には、先駆者がいたのです。

GREAT PERSON No.27

樋口季一郎
［学校では教わらない英雄］

杉原千畝以外にも、第二次世界大戦中に多くのユダヤ人を救った日本人がいました。

それが樋口《ひぐち》季《き》一郎《いちろう》です。しかし、なぜ同じようにユダヤ人を救った杉原千畝ほど、有名ではないのでしょうか？

実際に、樋口季一郎がユダヤ人を救出したのは、杉原千畝が「命のビザ」を発行した時より2年も早く、救った人数も多かったといわれています。

また彼は、他にも「キスカ撤退」「占守の戦い」とその生涯で三度も奇跡を起こし、多くの人の命と日本を救っています。

彼の起こした三つの奇跡を、一つずつ見ていきましょう。

第一の奇跡を知った時に私は涙しました。

そして第三の奇跡について知った時には、あまりの英雄ぶりに驚愕しました。

彼がいなければ日本は今、北と南に分かれて戦争していた可能性すらあるのです。

奇跡①オトポール事件

大日本帝国陸軍軍人だった樋口季一郎は、歴史の教科書に載っていません。

ロシア語に長けていたので、ロシアのウラジオストク、ハバロフスク、ポーランドのワルシャワなどを転々としながら、各地の軍事外交上の情報を収集する任務に就いていました。

ウラジオストクでは、ユダヤ人の私邸に居候していたこともありました。当時は白人の有色人種に対する差別が激しかったので、日本人を下宿させてくれたのはほとんどがユダヤ人だったのです。後年、樋口は「日本人はユダヤ人に非常に世話になった」と語っています。

そして1937年、満洲国ハルビンの特務機関長となった樋口は、多くの日本人が満州で利権争いをしていることに驚きます。

「こんなことでは、満洲国は内部崩壊してしまうぞ！」

そこで樋口は若手将校を集めると、こう命じました。

「満洲国民の不満をよく聞いてやるように努めよ。また、悪徳な日本人はびしびし摘発するように！」

そんなある日、樋口の元に一人のユダヤ人が訪れました。ハルビン・ユダヤ人協会会長で医師のアブラハム・カウフマン博士です。

「ユダヤ人がドイツで受けている迫害を、世界に知らしめる必要があります。そのための大会を開く許可が欲しいのです」

カウフマン博士は、極東ユダヤ人大会の開催の許可を求めました。

以前、ドイツへの視察旅行先で、ユダヤ人迫害を目にし、ユダヤ人たちの悲惨な境遇に同情していた樋口はそれを許可しました。

そして樋口自身も来賓として出席し、演説したのです。

「ユダヤ人追放の前に、彼らに土地、すなわち祖国を与えよ」

参列していたユダヤ人は、それを聞くと涙を流しながら拍手喝采しました。

しかし、日本と同盟国だったドイツの反ユダヤ政策に対して批判し、ユダヤ人を擁護したこの言葉は、ドイツ外務省の怒りを買ってしまいます。

関東軍内部からも、「日独関係を悪化させるつもりなのか⁉」と批判が出ました。

そうした状況の中、１９３８年３月８日事件が起こります。

ソ連と満洲国との国境にある、シベリア鉄道・オトポール駅に、ドイツの迫害から逃れるために逃げてきた何千人というユダヤ人難民が現れた、との報告を受けたのです。しかし満洲国の外交部がドイツとの関係悪化を恐れて入国の許可を渋り、吹雪の中でユダヤ人たちは足止めをされているとのこと。難民たちの食料もつき、一刻も早い救助が必要でした。

軍人としての立場もあり、極東ユダヤ人大会での演説でドイツに目をつけられていた樋口は、ユダヤ人たちを救助したい気持ちは山々ですが、おおっぴらに動くことができません。

しかし樋口は、自分が失脚するだろうことも覚悟の上で、カウフマン博士に衣服や食料の調達を頼むと、部下と共に素早く配給を行いました。そして南満洲鉄道の責任者に直談判して、救出のための特別列車を出す約束を取り付けました。

こうして3月12日にユダヤ人難民たちはハルビン駅に到着し、滞在ビザが出されたのでした。これは「ヒグチルート」と呼ばれ、これ以降も多くのユダヤ人たちがこのルートを使い、脱出しました。

杉原千畝の「命のビザ」の2年前のことです。


このルートは1941年ごろまで使われ、一説では2万人以上ものユダヤ人の命を救ったと言われています。

しかしこの出来事はドイツの耳にも入り、ドイツから日本政府へ抗議文書が届きました。その上、関東軍内部でも樋口に対する処分を求める声が高まって、樋口に関東軍司令部からの出頭命令が出されたのです。

そこで当時の関東軍参謀長・東條英機中将に面会した樋口は、「参謀長、ヒットラーのお先棒を担いで弱い者いじめをすることを正しいと思われますか。日本はドイツの属国ではないです。日本人として正しいことをしたまでです」という主旨の発言をし、それを聞いた東條は、樋口に懲罰を科すことはしませんでした。

「不問にする」とした東條英機の決断も見事ではないでしょうか？

また、ドイツからの度重なる抗議にも「当然なる人道上の配慮によって行ったものだ」と一蹴し、事件は落ち着きました。

ユダヤ民族が大事にしている「ゴールデンブック」は、ユダヤ人のために貢献した人物の名前が登録されていると言われています。このゴールデンブックに、樋口季一郎と、同じく陸軍から派遣され第一回極東ユダヤ人大会に参加した「ユダヤ通」の安江仙弘陸軍大佐の名前が記されています。

奇跡②キスカ島撤退作戦

太平洋戦争勃発の翌年、陸軍中将となっていた樋口は、北部軍司令官として札幌に赴任しました。その2か月前に日本軍は、アリューシャン列島の西端にあるアッツ島とキスカ島を占拠していました。

アメリカとの戦いが激しくなっていく中、樋口はアッツ島に米軍が攻めてくることを予測して、戦闘準備を進めていました。しかし樋口の予測よりも早く、1943年5月12日に米軍が上陸、2000人以上の犠牲を出しながら、アッツ島は陥落してしまいました。

樋口は大本営に部隊の増援を依頼しますが、この時、日本は南方との戦いに力を入れていたので、遠く離れた北部での戦いは軽視され、アッツ島への増援は断られてしまいます。そこで樋口は、それを受け入れる代わりにと、キスカ島からの即時撤退を申し出て、その作戦のための海軍の協力を強く要求しました。


１９４３年７月29日、日本軍の救出艦隊が、霧に紛れてアメリカ艦隊に気づかれないままキスカ湾に突入しました。その際、武器や弾薬を放棄することで速やかに行動でき、その結果、８月１日に無事撤退が完了。

兵士たちが捨てた武器の中には、天皇陛下からもらった菊花紋章入りの小銃も含まれていて、本来それを粗末に扱うことは天皇陛下への不敬にあたり、許されないことだとされていました。しかし樋口は、兵士たちの命の方が大切だと考えたのです。

結果、５０００人以上の兵士の命を救いました。

無傷での撤退は、戦争の歴史上でも珍しい奇跡だと言われています。

奇跡③占守島の戦い

1945年8月の終戦直後。

日本はこの時点でポツダム宣言の受諾を決め、大本営から各方面軍に対して、「やむを得ない自衛のための戦闘以外は、すべての戦闘行為を停止する」という命令が出ていました。さらに自衛のための戦闘も、8月18日午後4時までという期限付き。

しかしその8月18日に、ソ連軍が千島列島最北端の占守島に侵攻してきました。

ソ連のスターリンは、戦後のどさくさに紛れて、日本が降伏文書に署名する前に、樺太と千島列島、北海道を占領して、既成事実にするつもりだったのです。

そこで樋口は、大本営の停戦命令を無視して独断で出撃を命じ、自衛戦争を指揮しました。戦争、終わってるんですよ？

この時、スターリンは南樺太の第八十七歩兵軍団に、北海道上陸の準備を指示していました。しかし樋口の指示による抗戦で、ソ連は千島列島の占領が遅れ、北海道へと侵攻していくことができませんでした。スターリンは北海道を諦め、南樺太の部隊を、択捉島《えとろふとう》に向かわせました。そして国後島《くなしりとう》、色丹島《しこたんとう》、歯舞《はぼまい》諸島を無血占有し、今に至るまで北方四島の不法占拠は続いています。

もしもこの日の樋口の決断がなければ、今、北海道は日本でなくなっていたかもしれませんし、それは東北まで及んでいたのではないかと私は思っています。

計画を狂わされたスターリンは、樋口を極東国際軍事裁判に戦犯として指名、身柄を引き渡すよう連合国に要求しました。なんとしてでも樋口を捕らえ、処刑しようと考えていたのです。

しかしそれに対して連合国軍のマッカーサー最高司令官は拒否をします。

樋口が戦犯に指名された時、世界ユダヤ協会がすぐに反応して、世界的な規模で樋口救済活動が行われました。世界ユダヤ協会の幹部やユダヤ人金融家の中には、オトポール事件で樋口に救われた人たちもいて、恩を返すのは今しかない！　と考えたのです。その動きはアメリカ国防総省を動かし、樋口の身柄を保護するよう、マッカーサーに銘じたのでした。

戦後、札幌護国神社の「アッツ島玉砕雄魂之碑」除幕式・慰霊祭に参加した樋口は、自室のアッツ島を描いた水彩画の前で毎朝、戦死者の冥福を祈っていたそうです。

外交官だった杉原千畝と違い、軍人だった樋口季一郎は、戦後の教科書に載ることもなく、歴史で樋口について学ぶこともありません。しかし今の日本があるのは、こうした先人たちがいてくれたからこそです。樋口季一郎が起こした三つの奇跡を、歴史から消してはいけないと思います。

土岐総一郎の、ちょっと一言はさませて

樋口季一郎がいなかったら、今日本は北と南に分かれて争っていたかもしれません。真の護国というのは、彼のような人を言うのではないかと思います。

樋口季一郎の故郷、兵庫県淡路島にある伊弉諾《いざなぎ》神宮には、彼の銅像が建てられています。ごく最近建立されたこの銅像は、ただの銅像ではありません。

彼の孫で明治学院大学名誉教授の樋口隆一が会長を務める顕彰会が中心となり、

樋口季一郎の功績を顕彰する銅像を建立する募金計画が有志の間で進みました。この本を作るきっかけをくださり、解説を寄せてくださった赤塚高仁さんもこの活動の理事です。私が樋口季一郎さんを知ったのも、赤塚さんの講演を聴いたからでした。

そしてこの、軍服姿で刀を手にする等身大の樋口像は、戦後初めての軍服を着た銅像なのです。

令和5年5月21日、神奈川県の円覚寺龍隠庵に、樋口季一郎を称える顕彰碑が建てられました。この碑は、樋口季一郎に感銘を受けた元平塚市長の吉野稜威雄氏ら有志によって建立され、樋口の人道的な行動を後世に伝えるためのものです。

さてお次は、もう一人のとんでもない鬼才を紹介したいと思います。

GREAT PERSON No.28

［戦場の平和主義者］
石原莞爾

石原《いし》原《わら》莞《かん》爾《じ》は、昭和の陸軍軍人。あの満州事変を起こした人物でもあります。ところが戦争推進派なのかと思えば、日清戦争での領土拡大や太平洋戦争参戦には反対していました。独自の戦略を持ち、戦争の天才と呼ばれた石原莞爾が、実は平和主義者だったと聞いたら、あなたはどう感じるでしょう。

石原莞爾の唱えた「最終戦争論」とは何か？

彼が目指したのはどんな世界だったのか？

その人間性と併せて、見ていきましょう。

天才少年、切れ者すぎてたらい回しに!?

山形県鶴岡市で、警察官の家に生まれた石原莞爾。近所の子供たちを集めては戦争ごっこをして遊ぶ石原少年の将来の夢は、「陸軍大将になる」ことでした。

石原は幼い頃から天才ぶりを発揮し、尋常高等小学校尋常科の1年生ではなく、校長先生の方針でなんといきなり2年生として入学します。

試験をやらせると、必ず一番という成績。将来の陸軍エリートを育てる陸軍幼年学校に入学しても、いつも成績は51人中一番。

ところが子供の頃から虚弱体質だった石原は、器械体操や剣術などの運動は苦手だったようです。また、自由奔放で好き嫌いを隠さない性格でもあり、陸軍士官学校に進んでからも、区隊長への反抗や侮辱など生活態度が悪かったため、減点されてしまいます。そのため、せっかく学科は優秀だったのに、卒業する時の成績は418人中13番という結果に。

他にも、歩兵第65番隊にいた頃、陸軍隊長の命令で受験した陸軍大学校にろくに勉強していないのに合格したとか、その陸軍大学校も次席で卒業して、成績上位者だけがもらえる天皇からの菊の御紋の入った刀を手にすることができたとか、本当は首席の役目である答辞が嫌でわざと次席になったんだとか、石原の天才らしいエピソードが満載です。

そんな才能あふれる石原莞爾ですが、切れ者すぎて扱いに困った陸軍の上官たちから、中国・ドイツ・スイスなどに留学・赴任、あちこちをたらい回しにされたようです。

満州事変を起こす

当時、世界恐慌のあおりを受けて、深刻な不景気に陥っていた日本。失業者も数百万人を超えていました。この失業者対策や不景気の解消、そしてこれから訪れるだろう世界規模の戦争を戦い抜くためには、満州とその周辺地域を占領して、鉄や石油、アルミニウムといった資源を補うことが大事だと、石原は考えていました。

しかし、日本の投資で発展し始めた満州の利益を、中国軍閥たちは狙い、排日政策を繰り返していました。そこで、関東軍の主任参謀として満州に赴任していた石原は「満蒙領有計画」を立て、上司だった板垣征四郎を巻き込んで「満州事変」を起こします。自作自演で南満洲鉄道の線路を爆破。関東軍はそれを、張学良が指揮する国民党軍の破壊工作だと発表して、軍事行動を起こしたのです。

この満州事変で、石原は関東軍の作戦計画を立て、18万の張学良軍を相手に、1万の関東軍で満州を占領したのです。この満州事変を成功に導いたことで、石原は一躍有名になり、「天才軍人」と呼ばれるようになりました。

世界最速最大級の領土を奪取した、それが石原莞爾なのです。

そして満州事変の後、満洲国建国が宣言されます。関東軍は国際世論の批判をかわす目的で、満州を日本の領土にするのではなく、見かけ上は独立国にするため、満洲王国を設立しました。この満洲王国のトップに据えたのが、中国で滅亡した清王朝最後の皇帝・愛新覚羅溥儀《あいしんかくらふぎ》でした。


関東軍は満州を日本の属国とすることを目論んでいましたが、石原莞爾は関東軍から満州を独立させることを主張します。わざわざ手柄を手放すなど有り得ない、という関東軍の考えですが、私が思うには、ここで満州を手放しておいたら日本とアメリカの衝突は避けられたのではないかと思っています。その視点から見れば、石原莞爾だけが、真剣に民族解放と世界の平和を考えていたのです。

次第に、関東軍にとって石原は目障りな存在となっていき、1932年のジュネーブで開催された軍縮会議の随行員を命じられ、満州から遠ざけられてしまいました。

石原莞爾が通そうとした「平和への道筋」

1936年2月26日から29日にかけて、「昭和維新」をスローガンに掲げたクーデター未遂事件「二・二六事件」が起こりました。

石原は参謀本部勤務でしたが、東京警備司令部参謀も兼任していたため、反乱の鎮圧にあたりました。ほとんどの高級将校が反乱軍に阻まれて登庁できない中、石原は反乱軍にとって敵か味方か判断がつかず、登庁できたようです。

反乱軍の大尉が部下に、登庁した石原に向け銃を構えさせると、「何が維新だ！陛下の軍隊を私物化するな。この石原を殺したければ直接貴様の手で殺せ」と怒鳴りつけ、参謀本部に入っていったそうです。

後に昭和天皇は「石原という男はよくわからん、満州事変の首謀者でありながら、二・二六事件の対応は正当なものだった」と述べられたそうです。

部下を煽ってそそのかし、政府要人を暗殺し、政治を混乱させるクーデターは、筋が通らないことだと、石原は考えていたようです。

東條英機との対立

石原莞爾が提唱した「最終戦争論」とは、「第一次世界大戦の次に、人類の覇権をめぐる戦いが起こり、最終的には世界が一つの政府によって統治されるべきだ」という考え方です。彼の考える最終戦争は、二度と戦争をしないため、平和のための構想です。彼はそのために、日本がアジアの盟主として、主導していかなければと信じていました。

石原は満州事変の成功で名を馳せましたが、その後の軍の過激な拡張主義には反対でした。満州の安定と内政の整備を重視して、中国やソ連との直接対立を避けるべきだと考えていたのです。

対する東條英機は、軍部の権力を強化して、日本の拡張主義を推進する立場をとりました。中国や、さらにはアジア全体への進出を図るべきだと主張していたのです。そして満州事変後の軍部の強硬路線を支持し、日中戦争や太平洋戦争の進行において、内閣総理大臣として日本を率い、戦時体制を強化しました。

こうした背景から、満州事変後の日本の戦略を巡り、石原と東條は対立していきます。1937年9月に関東軍参謀副長に任命されて再び満州に赴任した石原莞爾と、翌年の春から参謀長となった東條英機との確執は深まります。

話の通じない東條に石原は「東條上等兵」と馬鹿にしたり、「憲兵隊しか使えない女々しい奴」などと罵倒し、事あるごとに上官である東條に対して無能呼ばわりをします。東條のほうも、石原のこうした批判的な言動を、許されざるべきものと思っていました。

しかし1938年年6月、体調を崩したことで石原は関東軍参謀副長を辞めたいと申し出て、人事発令を待たずに内地へ帰還し、入院してしまいます。私はこの時、石原莞爾は平和への道を歩まない帝国陸軍に嫌気がさしていたのではないかと思っています。

その後石原は予備役に編入され、事実上陸軍を去ります。そうしてそれ以降は、軍から離れ、執筆活動や講演活動などに勤しみました。

極東国際軍事裁判での一幕

陸軍中将まで務め、満州事変を起こした石原莞爾でしたが、敗戦後に行われた東京裁判では戦犯としての起訴は免れました。東條英機との対立が有名だったためとも言われています。

起訴はされなかったものの、石原は、証人として出廷することとなります。入院中だったため、山形県酒田の出張法廷に出廷しました。法廷で石原は、満州事変は中国の激しい排日に対する自衛行動であり、断じて侵略ではないと主張しました。

この時の有名なエピソードに、判事が「この裁判では日清・日露戦争まで遡って責任を問う」と発言したことに対し、

「それならペリーをあの世から連れてきてこの法廷で裁けばよい。もともと日本は鎖国していて、朝鮮も満州も不要であった。日本に略奪的な帝国主義を教えたのはアメリカなどの国だ」

と、石原が反論したというものがあります。そしてこの戦争の最大の戦争犯罪人は誰かと問われると、「トルーマン大統領だ」とも答えています。

もともと帝国主義でアジアを侵略してきたアメリカや欧米諸国が、今になって日本の帝国主義を裁こうとする偽善の姿に、毅然と立ち向かったのです。

そんな石原莞爾由来の場所というのは少ないですが、石原莞爾の墓所は山形県飽海郡遊佐町にあります。石原は晩年、この地に移住し、同志を指導して集団農場を拓きました。墓所には「都市解体」「農耕一体」「簡素生活」と書かれた石碑が建てられ、すぐ近くに集団農場の人たちが共同生活した建物・日輪講堂も遺されています。

さて「戦争犯罪」というその時の機運で人を裁く過去に例を見ない裁判で日本が解体されようという中、東京裁判で死刑になりかけながらも妖怪のように復活し日本を復興した人がいます。

それが岸信介です。彼が戦後の日本に与えた影響ははかり知れず、岸信介の政策や思想は、今でもその評価が賛否に別れるところです。

GREAT PERSON
No.29

［三度の死線を潜り抜けた昭和の不可欠人物］

岸信介

「昭和の妖怪」と呼ばれた総理大臣・岸信介《きしのぶすけ》。

そんな異名を持つ岸は、生涯で三度死を覚悟した瞬間がありました。

もしも岸信介がいなかったら、今の日本の政治や経済、国際社会での日本の立ち位置は、大きく変わっていたでしょう。

死線①憲兵に刀を突き付けられる

満州事変勃発、そして日中戦争へと突入。そんな混乱と不安定な情勢の満洲国へ官僚として赴任した岸信介は、時には人並外れた頭脳で相手を論破し、また時には夜の料亭での懐柔策を取りながら、軍部、財界、政界ともに人脈を広げ、発言力と影響力を強めていました。満洲国時代の経験は、岸信介を一官僚から、大物政治家に変えるきっかけにもなったんですね。

岸の帰国後、満洲国時代に一緒だった東條英機が内閣総理大臣に就任すると、岸は商工大臣に大抜擢されました。

すでに日中戦争が始まっていた日本で、東條政権はアメリカとの戦争を決意。太平洋戦争を迎えることになり、岸はこの時、戦争中の物資動員のすべての管理を行うようになります。そして同じころ、衆議院議員総選挙で当選し、政治家としての第一歩をスタートさせました。


はじめは日本の圧勝で進んでいた太平洋戦争でしたが、ミッドウェー海戦やガダルカナル島の戦いで形成は逆転。戦争方針を巡って意見が合わなくなっていた岸と東條は、1944年にサイパン島での戦いで日本軍がアメリカ軍に負けると、その対立をさらに激しくさせていきます。

岸は、日本本土に空爆が始まれば、国内の工場での軍需生産はできなくなり、戦争を続けることは無理だと考え、そのことを東條に話しました。しかし東條はこれを受け入れず、内閣改造をして岸を辞職させ、内閣から追い出そうとしたのです。

ところが岸はこれを断固として拒絶しました。

当時の内閣は、総理大臣は大臣を一方的に辞任させることができなかったので、最後まで辞めないと抵抗されると、「閣僚の意見の不一致」で総辞職しなければいけなかったのです。


そしてなんとここで、岸信介が最初に死を覚悟する瞬間が訪れます。

東條英機の側近だった憲兵隊長が岸の大臣官舎に押しかけて、軍刀を突きつけると「東條閣下が右向け右、左向け左といえば閣僚はそれに従え！」と脅し、辞職を迫ってきたのです。しかし、岸はひるみませんでした。

「黙れ、兵隊！　日本において右向け右、左向け左と言う力を持っているのは天皇陛下だけだ、下がれ！」と一喝し、追い返したのです。

この結果、東條内閣は「閣僚の意見の不一致」で総辞職となりました。

死線②A級戦犯として逮捕、巣鴨プリズンへ

国務大臣を辞めた後、岸は「護国同志会」という反東條を掲げた政治団体を立ち上げて、表に立たず、裏で実質的なリーダーとして活動していました。今後、政治活動を行っていくための組織を作ろうとしていたのです。後に、岸が首相となる中で彼を助ける側近となった政治家たちとも、この頃に知り合ったといわれています。

しかし日本が「ポツダム宣言」を受諾し敗戦が決まると、連合国は太平洋戦争の「戦犯」を裁くため、戦争に関与した人たちを次々に逮捕していきます。

真っ先に選ばれたのは、東條内閣の閣僚たち。「宣戦ノ勅書」に同意し一緒に署名した岸も例外ではありません。岸はこの時、地元の山口県にいましたが、A級戦犯として逮捕され、巣鴨プリズンへ収監されてしまいました。

これが、岸信介二度目の死を覚悟した瞬間です。

しかし岸は「日本はアメリカに追い詰められて、戦わざるを得なかった」ことを主張するため、堂々と監獄へ向かいました。

東京裁判では28人のA級戦犯が起訴されましたが、その中に岸は入っていませんでした。「開戦を決めた時の会議に参加していなかったから」とか、「東條内閣倒閣に貢献したから」とか、「反東條を掲げて活動していたから」などが起訴されずに済んだ理由だと言われています。とはいえ、すぐに釈放ということにはならず、結局逮捕されてから釈放されるまで、3年3ヶ月もの間、獄中生活は続きました。

釈放された後も、公職追放の対象だった岸は、すぐに政治活動を再開することができませんでした。そのため、岸が再び国会議員へと返り咲くのは、サンフランシスコ講和条約で公職追放が解かれた後、約10年ぶりの政治活動再開のタイミングでした。そしてここからついに、岸信介の政治家としてのキャリアがスタートしていくのです。

死線③大規模デモ隊に取り囲まれて

自民党として政治活動を再開した岸信介は、わずか4年で内閣総理大臣に就任しました。岸が目指したのは国際社会での日本の信頼回復と、アメリカに依存しない自立した国家にすることでした。そこで岸は首相就任後、アジア各国を訪問して、戦後の賠償問題や友好条約について話し合い、国際社会への復帰を図ろうとしました。

また、対等の立場に立った日米関係を築こうと考えて、アメリカを訪問してサンフランシスコ講和条約成立時に結ばれた日米安全保障条約の改定を持ちかけます。というのも、この日米安保条約というのは、日本が独立した後もアメリカは日本に軍を駐留することができるが日本を守る義務はなく、日本国内の反乱が起きた際にはアメリカ軍が介入できるという、アメリカにとって都合のいいものだったからです。

しかし安保条約の改正は、安保自体を廃棄すべきと主張する社会党から反対が出ました。当時完全にソ連の手先だった社会党はアメリカには日本に来てほしくありませんし、そもそも講和条約でさえも反対しています。

議員だけでなく、安保のせいでまた戦争に巻き込まれるのではないかと心配する、労働者や学生などの一般市民までもが猛反発して、全国規模の反対運動にまで発展していきました。しかし岸はアメリカを訪問し、アイゼンハワー大統領と会談、新安保条約の調印を約束します。これは、アメリカが日本を防衛しないといけないということや、内乱には介入できないこと、重要な案件は事前に協議しないといけないなど、日米の対等な関係を築く上で、大きな一歩になるものでした。

ところが新条約の承認を巡る国会審議で、社会党はこれに激しく抵抗します。

そこで岸は社会党員を国会会議場に入れないようにして、強行採決を行いました。

そんな岸の姿勢に、安保反対のデモは激化。

国会は毎日、昼夜なくデモ隊が取り囲み、学生のデモ隊は国会突入を図るものまで現れました。そしてそれを鎮圧するため、警察官だけでなく、右翼団体や暴力団まで集まっての大騒動。国会の周りでは激しい安保闘争が繰り広げられました。

デモの参加者は33万人と言われています。多くの負傷者だけでなく、活動家の学生が死亡する事態も起きました。

デモは最高潮に達し、岸は警察から「これ以上は守り切れない」と退避要請を受けますが、「俺は殺されようが動かない。覚悟はできている」とそれを断って、大勢のデモ隊に取り囲まれる中、首相官邸に残りました。

この時が、岸信介の三度目の死を覚悟した瞬間です。

しかし岸信介は、慌てることなく官邸の中で弟の佐藤栄作とブランデーを飲みながら野球中継を見たり、トランプをめくったりしていたそうです。肝が据わっているにも程がありますよね。

そして、新安保条約は強行採決から30日後、自動的に成立となり、岸が混乱の責任を取って退陣すると、デモは波が引くように静まっていきました。

社会保障や福祉の基盤を作る

2010年、「日米安全保障条約改定50周年」を記念して、特殊切手が発行されました。デザインの中には署名式の岸信介首相とアイゼンハワー大統領が描かれているものもあります。

ところで、安保改定ばかりがクローズアップされがちな岸内閣ですが、実は社会保障や福祉の基盤を作り、後の高度経済成長の礎を築いたりもしました。

たとえば国民健康保険法。これは社会保険に入っていない人は国民健康保険に加入しないといけないというもの。この他にも最低賃金制を導入したり、国民年金法なども成立させ、福祉制度を充実させていきました。本来は社会党が考えなければいけないような政策について、岸信介がその礎を作っていたのは意外ではないですか？

首相退陣後も政界に強い影響力を持ち続け、「昭和の妖怪」と呼ばれた岸信介は、1987年8月7日、入院先の東京医科大学で90歳でその生涯を終えました。

「私のやったことは歴史が判断してくれる」

「安保改定が国民にきちんと理解されるには50年はかかるだろう」

などの言葉を残しています。

三度も死を覚悟しながら生き延び、九死に一生を得たりと、自他共に認めるほど、悪運の強かった岸。歴史に「もしも」はないといいますが、それでももし、岸の悪運がここまで強くなければ、もし岸がいなかったら、もし岸が総理大臣にならなかったら……今の日本はどうなっていたでしょう？　あなたはどう考えますか？

さて、名古屋の高牟《たかむ》神社の拝殿には、岸信介が揮毫《きごう》した社号額が掛けられています。物部氏の武器庫が神社になったとされ、社名の「高牟」は古代武器の鉾の美称と言われています。

他にも、静岡にある東山旧岸邸は岸信介が晩年を過ごした邸宅で、１９６９年に建てられました。岸は73歳から90歳で亡くなるまでの17年間をここで過ごしたのです。現在は御殿場市に寄贈され、一般公開されています。日本の伝統的な数寄屋建築の技法と、洋風のモダンを取り入れた近代数寄屋建築が使われており、美しい庭園と併せて見学できます。

さて、かなり現代に近づいてきました。日本建国から２６５０年近く。昭和平成と、すでに私たちが見ている世界になってきましたね。

GREAT PERSON No.30

［地方に光を当てた豪傑］田中角栄

昭和の総理大臣といえば、まず田中角栄《たなかかくえい》を思い出す人も多いのではないでしょうか。第64・65代内閣総理大臣を務めた角栄の、「今太閤」と呼ばれた出世物語や、今の時代でも使える人心掌握術。

そして、「天才」「コンピューター付きブルドーザー」といわれた裏にある努力など、数々のエピソードとともに田中角栄の生き様を見ていきましょう。

貧しい子供時代

田中角栄は雪国、新潟県刈羽郡二田村（現在の柏崎市）で生まれました。

実家は農家でしたが、種牛の輸入業や鯉の養魚業も経営していた父親。しかし乳牛の輸入で失敗し、日照り続きで鯉も死なせてしまい、田中家は財産の大部分を失って極貧下での生活を余儀なくされてしまうのです。そのため、母は寝る間も惜しんで働き、幼い頃の角栄は祖母に面倒を見てもらいました。

高等小学校に入学した角栄は、成績優秀。毎年、クラスの学級委員長を任されるほどです。さらに卒業式には代表して答辞を読んだそう。

しかしそんな優秀な角栄ですが、卒業後は、家が貧しかったため進学はあきらめ、就職することになりました。高等小学校卒業後は、土木工事現場などで働いたり、小僧として住み込みで働きながら夜学の工学校土木科で学びます。

昼間仕事した後の夜間学校、眠くならないわけはありません。でもここで眠ってしまえば、わざわざ夜間学校に通う意味がなくなり、お金だって無駄になってしまいます。そこで角栄は、鉛筆の芯をとがらせ手の平にあて、もしもコクリとなった時はその芯が刺さってその痛みで目が覚めるようにしていたそうです。

角栄の政界進出

角栄はその後、専門誌の記者や貿易商などで働いたあと、建築事務所に就職します。

次の年には自分の事務所を設立。角栄の並々ならぬ努力で、会社は繁盛していきます。こうしてどんどん会社を大きくしていき、角栄の建築事務所は「田中土建工業株式会社」という法人組織の会社になっていったのです。

そんな角栄のもとに、大物政治家から、政治献金の依頼がありました。それをきっかけに、角栄自身も政界へと進出することになるのです。

衆議院議員総選挙で民主党公認として出馬し、初当選した角栄。重要な役職に就き、努力と才能を発揮しながら活躍していくのですが、ある時、悲劇に見舞われます。業者から賄賂を受け取ったと疑われて、逮捕されてしまったのです。結局、無罪となりますが、逮捕中に衆議院が解散・総選挙になったので、角栄は獄中からの立候補となりました。

政治資金が底をつきかけながら、釈放後は10日そこそこしか選挙運動ができませんでしたが、角栄は無事に2位で当選を果たします。この時、角栄を応援していたのは、地方に住む経済的に困窮した人々や、若い世代の人たちでした。

角栄は建設委員会に所属して、生活インフラの整備などに力を注いでいきます。この時に角栄が提案して作られた法律は、なんと33個。また、高速道路建設のための財源として、有料道路やガソリン税を新設したりなど、独特のアイデアと行動力で日本を改造していき党の幹部たちを驚かせました。

１９４５年、牛込（新宿区）にあった築土神社をはじめ、田中土建工業株式会社があった飯田町周辺は、戦災で一面焼け野原となってしまいました。しかし角栄の住居と事務所だけはまったくの無傷だったそうです。これは神様のおかげと思いながら、「世の中のために何かしなければならない」と強く感じた角栄は、無償で社殿を富士見町に移転して再建しました。

最年少で大臣就任！　そして内閣総理大臣へ

岸信介内閣が発足すると、田中角栄は30代で郵政大臣に起用されました。戦後、最年少での国務大臣就任でした。その後、政調会長や大蔵大臣、自民党幹事長など重要なポストを務めながら、「都市政策大綱」を発表しました。

さらには『日本列島改造論』を上梓します。これが大ヒットし91万部売れます。この本で語られたのは、経済を活性化させ、交通網を発達させることで、人や物、お金が大都市に集中するのを避け、地方に向けて分散するようにしていくというものです。私も最近読みましたが、まるで現代のことを読んでいるかのような錯覚に陥るほど先見の明を感じました。

そして『日本列島改造論』を発表した翌月、自由民主党総裁選で勝利し、昭和47年7月、角栄は54歳で内閣総理大臣に就任しました。角栄の学歴が高等小学校までだったので、農民から立身出世し「太閤」と呼ばれるまでになった豊臣秀吉になぞらえて、マスコミからは「今太閤」ともてはやされました。ぜひ秀吉について、もう一度読んでみてくださいね（142ページ）。

また、内閣支持率も70％と、国民からも高い人気と期待を寄せられます。

そして首相に就任して2か月後の9月、角栄は中国を訪問し、周恩来首相らと会見しました。ここで日中国交正常化への交渉を進め、共同声明を発表します。日中国交回復は、角栄が命を懸けてでも成し遂げようと思っていたことなのでした。

そうしてこの年の12月には、第2次田中角栄内閣が発足します。

しかし1972年の総選挙後、異常な物価高や、自著『日本列島改造論』の影響による土地の高騰、円の急騰で経済状況は窮地に陥ってしまいます。さらに1973年には第4次中東戦争の激化で、オイルショックが起こります。

そこで角栄は、エネルギー源の確保を中東地域以外からも行うことにして、対策を講じました。内閣改造を行い、省エネルギー政策へと方向転換し、石油に替わるエネルギーを供給するため、原子力や水力発電所などの施設の設置を促進していきます。そして新潟県柏崎市に、柏崎刈羽原子力発電所を創設するための資金を提供しました。

しかし、物価高や地価上昇などへの経済政策への甘さに批判が高まり、内閣支持率は20%を下回るようになります。

参院選が実施されると、自党の候補者に多額の選挙資金をばらまいたり、さらには企業全体で支援するように要請したりと、「金権選挙」「企業ぐるみ選挙」とも言われました。また、月刊『文藝春秋』11月号に「田中金脈問題」が掲載され、記者会見や国会での追及が続き、ついに退陣に追い込まれたのでした。

天才の口ぐせ「わかった」

田中角栄はとにかく数字に強く、官僚が説明している途中で「わかった」と言い、実際本当にすっかり承知しており、「わかった角栄」というあだ名ができたほどと言われています。

また、予算編成にあたって、省内ではまだ数字が確認できていない段階で、角栄がいち早く総額・減税・財政投融資などの数字を記者団にしゃべったので、役人たちが困惑していたところ、実際に予算を編成してみると、角栄の言った通りの数字になっていたとか。

しかしこれは、ただ角栄が天才だったからというわけではないのです。

午前2時には起き上がり、役所が用意した資料を徹底的に読み込み、データを頭に叩き込んで、関連図書もしっかりと読み込む。こうした勉強を、毎日続けていたのです。

確かに角栄の頭の回転は早かったそうですが、「コンピューター付きブルドーザー」とか「天才」などと呼ばれたのには、こうした見えない努力があったからなのです。

ロッキード事件

1976年2月、アメリカから驚きの一報がもたらされました。

「ロッキード社が日本の全日空にトライスター機を売り込むにあたり、その裏金を丸紅や児玉誉士夫を通じ、政府高官に流した」という主旨のものでした。

アメリカの航空機製造メーカーのロッキード社と日本の全日空の間で、5億円の収賄容疑が浮上したのです。そしてその事件に田中角栄が関わっていることが明らかにされ、角栄は逮捕されました。

逮捕されたとき角栄は、自民党を離党し無所属となりますが、8月には保釈され、12月の総選挙ではトップ当選を果たします。しかしその時の三木内閣は総辞職、福田内閣が発足しました。

1983年、ロッキード事件の一審判決が行われ、田中角栄は東京地方裁判所から、懲役4年、追徴金5億円の実刑判決を受けます。しかしこれを不服とし、角栄は即日控訴しました。

そして驚くべきことに、この年の総選挙で角栄は、実刑判決を下された後にも関わらず人気を集めて、なんと後続に大差をつけての当選を果たしたのです。

1985年2月、角栄は脳梗塞で倒れました。一命はとりとめたものの、言語障害や行動障害などの後遺症が残り、政治活動ができなくなってしまいます。9月にはロッキード事件の控訴審が行われましたが、出席できず、1987年の7月に、一審と変わらず懲役4年、追徴金5億円の控訴審判決が下されました。そこで角栄は即刻、最高裁への上告を申し出ます。

この事件は最終的に、ロッキード社からの5億円受け取りが確定し、角栄の有罪は決定しました。ロッキード事件については、オイルショックの時に独自の資源外交を目指した角栄がアメリカから危険視され、失脚させられたのではないかという説もあります。ほとんどの事件関係者が亡くなった今となっては、真実を証明するのは難しいかもしれません。

退陣に追い込まれた「金脈問題」や実刑判決を受けたロッキード事件など、お金の問題と切り離せない田中角栄ですが、角栄に300万円の借金を申し込んだ議員に「俺が困った時は頼む」と言って500万円をポンと渡したり、側近たちに2000万円以上のボーナスを「気持ちとして受け取ってくれ」と渡したりと、こんな豪快なエピソードの数々も多く残っているのです。

新潟県柏崎市にある田中角栄記念館は、彼の生涯と業績を展示する施設です。角栄が学んだ二田小学校跡地に建立されました。記念館では、角栄の生誕地から政治家としての活躍、そして多くの政策を実現するまでの軌跡を知ることができます。今も、彼の信念やビジョンを今に伝える場として、多くの訪問者が訪れています。

土岐総一郎の、ちょっと一言はさませて

総理大臣として非常に対極的と言っていい二人を続けてピックアップしました。これぐらい今に近い人だと、具体的に批判をする人も多いんじゃないかなと思います。そんなことも重々承知で書いています。

この本もついに終盤に差し掛かってきましたが、そろそろお気づきだと思うのでお伝えすると、私は、あらゆる軍事的、政治的局面で難解な場面に立たされた方のことを悪く言うつもりは毛頭ありません。

こういった主張をすると、大体悪口を言われます。特に歴史の裏側に詳しいとおっしゃる方からは、手厳しい意見をいただくことが多いです。

私は、大学で日本経済史というゼミに入って川口教授という方に論文の書き方を習いました。そこで学んだことは何かというと、「自分の切り口を持て」ということでした。化学なら化学というナイフで事象を切った時に、その切り口を見て話すのが論文で、正解か不正解かを言うことではない。そしてそれが化学が関係なかったとしても、論文としては成立する。だから君たちは勇気を持って自分の信念で事象を切って書きなさい……ということを教わりました。

この本における私の切り口、それは、国を想う善なる人間性というのを切り口に歴史を読み解いています。

もちろん後の世になって批判されたり、なぜか人間性まで貶めるようなことを言われている人物というのは多く存在します。しかし、失敗したらすべて悪なのでしょうか？　今の法に照らして間違っていたら、その人たちは想いまで全面的に間違っていたことになるのでしょうか？

私はそうは思いません。この国が２７００年近く続いているのは、時に失敗も内包しながら、多くの危機を乗り越えてきたからだと考えるからです。

今後も大好きなこの国を守っていくためには、過去のすべてを受け入れて、感謝し、学び、私たちが次の世代に進むことなのではないかと思います。

神武天皇から始まったこの本もとうとう最後の人物の登場です。

日本という国の最大の苦境に直面し、そして最終的には経済大国として復興した日本。その当事者であった昭和天皇の紹介で、この２６５０年を締めたいと思います。

GREAT PERSON
No.31

日本ができて2650年

［平和を願った］昭和天皇

「戦争と平和、復興と発展の時代」の昭和《しょうわ》天皇。

第二次世界大戦の終わりを宣言したラジオの「玉音《ぎょくおん》放送」を思い出す人もいるかもしれませんね。

戦後の日本で、自ら「人間宣言」を行い、象徴天皇として国民と直接対話し、国民の心に寄り添う姿勢を貫いた昭和天皇。

「平和を念じながら止められなかった」

と、太平洋戦争を止められなかった後悔で、苦しみ続けました。

そんな人間・昭和天皇の真の姿を見ていきましょう。

度重なる暗殺未遂事件

1923年12月27日、皇太子時代の昭和天皇、つまり裕仁《ひろひと》親王は、東宮御所として使われていた赤坂離宮から、当時内幸町にあった国会議事堂へ向け、摂政として開院式行啓のため御車で向かわれていました。

10時半過ぎ、御車が虎ノ門にさしかかった時、群衆の中から男が飛び出し、窓ガラスに銃口を押し付けるほどの近距離から、ステッキ仕込み式の銃で狙撃してきたのです。犯人は、無政府主義者で極左のテロリストでした。

銃に込めてあった散弾は、幸いにも一発も裕仁親王に当たることはなかったのですが、同乗していた東宮侍従長・入江為守が軽傷を負いました。しかし車はそのまま目的地に到着し、親王は泰然と開院式の勅語も読まれたそうです。

裕仁親王御自身の、この事件に関するご感想の言葉が記録されています。

「誠に残念なことが起こった。元来、自分は日本に於いては、陛下と臣下のとの関係は、義においては君臣であれど、情においては親子であると考えている。自分はこの心を以て心とし、常に思いを君臣の親愛ということに致して来たのであるのに、今日の出来事をみ、殊にこの非行を敢てしたものが陛下の赤子の一人であることを知って、ことに遺憾にたえない。自分のこの考えは、何卒徹底するようにしてもらいたい」情においては親子であるという言葉が非常に印象的ですよね。

この事件を虎ノ門事件と言います。

さらに1932年1月8日、陸軍始観兵式に行幸されていた天皇が戻られる途中で、韓国の独立運動家から手りゅう弾を投げつけられました。しかし犯人は間違えて宮内大臣の乗った馬車を攻撃したため、天皇に被害はありませんでした。

この時、天皇は冷静沈着で、戻られた後も事件について触れることはなかったそうです。これを桜田門事件といいます。ほとんど皇居の周りで起こっていると考えると、この時代のほうが反体制勢力の鼻息が荒かったんじゃないかと予想できますよね。

戦時下における天皇とは?

明治以降の日本では、天皇が国家元首として位置づけられてはいたものの、実際の政治を動かすのは内閣でした。しかし天皇に即位し、時代が昭和になると、軍は大日本帝国憲法を持ち出し、「軍の統帥権は天皇にあるので、政府の方針には従わなくてもいい」と、勝手な解釈をし、過激な動きを見せ始めます。これに対し昭和天皇は、軍が勝手に動く様子を「下剋上」と言って非難します。

しかし張作霖《ちょうさくりん》爆殺事件など、天皇の心配していた軍による不祥事が相次ぎました。これに激怒した天皇は、軍の責任をうやむやにしようとした当時の田中義一首相を激しく叱責します。その結果、内閣の倒壊を招いてしまいました。

自分の発言により、内閣辞任という混乱を招いてしまった結果に、昭和天皇は深く反省してしまいます。そしてそれ以降、天皇は言葉少なくなり、内閣から上がってくる提案には、自分が反対の意見であっても、許可を出すことに決めてしまいました。

そのため、戦争反対の意見を示しても無視されてしまうこともあったそうです。

そして石原莞爾の段（309ページ）に詳細を述べた満州事変が勃発。そのことを知った天皇の怒りは激しく、侍従武官長が昭和天皇の部屋の前に立った時、中から漏れ聞こえる様子に足がすくみ、背筋に冷感が走ったそうです。しかし田中総理の辞職事件での反省があったため、政府の決定に対して拒否権は発動しませんでした。

また、第二次世界大戦が勃発した時も、「やむを得ず」として参戦を許可してしまいました。この時の御前会議で昭和天皇は、明治天皇が日露戦争開戦の際に読んだ歌を引用して、平和を第一に望むという意思を伝えています。

「よもの海　みなはらからと思ふ世に　など波風の　立ちさわぐらむ」

この歌に込められた思いについては、ぜひ明治天皇の項目（233ページ）にて、もう一度ご覧くださいね。

しかしそれでも、戦争に向かっていく日本を、止めることはできませんでした。その後、この戦争がどうなっていったのか、それは少し前の項目で述べた通りです。

戦後復興へ

1945年8月15日正午、ラジオから天皇陛下の声が流れました。「玉音放送」です。これにより、太平洋戦争における日本の無条件降伏と、ポツダム宣言の受諾が国民に公表されました。

戦後は、連合国軍GHQによって日本の非軍事化と民主化が推し進められていきます。そして国家神道の廃止など、次々と改革がなされていきました。

そんな中、昭和天皇は自ら神話に基づく神であることを否定し、「人間宣言」を発表します。そして、それまでは日本の君主であり、陸海軍を率いる大元帥だった天皇は、新しい日本国憲法の施行によって、「象徴天皇」となりました。

1945年9月、昭和天皇が連合国軍最高司令官のマッカーサーを訪問し、会見を行いました。二人は挨拶を済ませると、すぐに写真撮影に入りました。この時の写真は、皆さんも教科書で目にしたことがあるのではないでしょうか？

会見が始まると、昭和天皇は英語で次のように語りました。

「私は、戦争を遂行するにあたって日本国民が政治、軍事両面で行ったすべての決定と行動に対して、責任を負うべき唯一の者として、あなたが代表する連合国の裁定に、私自身をゆだねるためにここに来た。皇室の財産と私の命はどうあっても構わないので国民の衣食住は保障してくれないだろうか」

もちろん連合国は昭和天皇が戦争に反対していたことなど知っています。

であるにもかかわらず自らが責任を取ろうという姿を見てマッカーサーは、「私は大きな感動にゆさぶられた。死をともなう責任、それも私の知る限り明らかに天皇に帰すべきではない責任を、自ら進んで引き受けようとする。この勇気に満ちた態度に、私は震えるほどの感動を覚えた」といった感想を、後に出版された『マッカーサー大戦回顧録』（津島一夫訳、中公文庫）で語っています。

そしてマッカーサー「何か、私にできることはないでしょうか？」と言いました。

再び昭和天皇は「国民は飢えております。何卒食糧を」と言いました。

そうして進駐軍が各地に食糧を配りはじめたのです。

この時、アメリカ議会には「昭和天皇を戦犯として裁くことがアメリカの政策である」という決議案が提出されましたが、「天皇を起訴すれば日本に混乱を招き、国内に内紛が起こって戦後処理ができなくなってしまう」と、マッカーサーはこれに強く反対したのです。


戦争中はたいてい軍服を着ていた天皇ですが、戦災地復興視察のための全国地方行幸の際には、背広姿で国民の前に姿を現しました。そして、国民の家や学校や病院、工場や炭鉱などにも訪れ、人々と直接対話をし、触れ合っていきました。

これは、１９４６年２月から１９５４年８月まで、アメリカの統治下にあった沖縄を除く46都道府県にわたって続けられました。

この時、第二次世界大戦でソ連に占領された北方領土が間近にあり、治安面の不安から、北海道に関しては反対の声が上がりましたが、「私が行けば、何か起きたときも北海道を見捨てないという証拠になる。アメリカにもよいし、道民にも不安の解消に役立つと思う」と言って、昭和天皇の北海道訪問が実現しました。

この地方巡幸では、敗戦し、破壊と混乱の中にあった日本で、天皇が最大の不安を拭う心の救いになっていました。

そう、日本はここにあり。滅んでない。という、まさに象徴になっていたのです。

劇的な日本の独立

敗戦後、国際連合によって占領されていた日本ですが、世界では東西冷戦が激しさを増してくると、日本も西側の一員として、国際社会復帰をめざします。連合国軍も対日政策をこれまでとは変え、日本を中国共産主義の防波堤にしようと考えます。

そして占領から7年後、昭和天皇の51歳の誕生日目前に、サンフランシスコ講和条約が結ばれ、日本は独立を回復しました。

この時行われた、日本の独立回復を祝う「平和条約発行並びに日本国憲法施行五周年記念式典」では、昭和天皇は香淳皇后とともに壇上に上がり、皇居前広場に集まった約4万人の国民の前でお言葉を述べられました。

その後に「日本国万歳」が三唱されると、昭和天皇も香淳皇后も両手を高く上げて万歳三唱を唱和されました。そして、参列者の中から沸き起こった「天皇陛下万歳」の声に、シルクハットを揚げて応じたとされています。

さて幼少期の昭和天皇を教えた人物を覚えていますか？

乃木希典（245ページ）でしたね。昭和天皇は幼い頃学習院初等科に入学し、学習院院長だった乃木希典から教育を受けました。とくに乃木から言われた「雨の日でも雨合羽を着て徒歩で登校するように」という質実剛健な考えには深く感動して、天皇になった後も度々記者会見でこのエピソードを話していたとか。

また、月に何回か院長室に招かれると、乃木から皇孫としての心得や、軍人時代の経験などを語り聞かせてもらっていたそうです。後に昭和天皇は、自身の人格形成に最も影響を与えた人物は、乃木希典だと答えるほどに乃木を慕っていました。

研究者としての一面

昭和天皇は、科学や自然に対する深い関心を持っていました。

特に海洋生物や植物においては研究者としての側面もあり、多くの研究著書を発表しています。また、昭和天皇の海洋生物研究の一部は、神奈川県藤沢市の新江ノ島水族館で公開されています。

その時の様子が、昭和天皇御在位五十年記念に設置された記念館である、国営昭和記念公園の「花みどり文化センター」内に残っています。緑を愛された昭和天皇の生物学の研究や、写真や遺品などの天皇・皇后ゆかりの資料が展示されています。

1989年1月7日、その激動の人生を終え平成元年に大喪の礼が行われました。国内外から1万人を超える人が参列し「激動の昭和」という言葉が日本中で囁かれました。

昭和天皇の御陵は武蔵野陵(東京都八王子市)にあります。陵の形は上部3段・下部3段の上円下方墳で、高さは8・75m。一般拝所から墳丘がある段までの高さが低くなっており、威圧感を減らす試みがなされているそうです。

陵名の由来は、自然を愛する昭和天皇が「武蔵野」を和歌で詠まれたこと、万葉集にも「武蔵野」の名が見られることから、「武蔵野陵」と命名されました。

陵域の面積は2500平方mもあり、昭和天皇が生前に愛された桜やアケボノスギなど、約55種類の植物が植栽されています。

土岐総一郎の、ちょっと一言はさませて

2025年は昭和にすると「昭和100年」です。つまり、終戦時に生まれた方が、これから80歳以上になっていくのです。そして、その方々にお話を聴く機会はどんどんなくなっていきます。戦争どころか、戦後がどうであったか、日本がどうやって戦後経済大国になったのかも、そのうちわからなくなってしまいます。

この本の執筆中、私の祖父が亡くなりました。昭和8年生まれの祖父でした。戦争中や戦後の日本の話は、私は祖父からたくさん聴きました。その経験は、年月が経てば経つほどに、私の人生の財産として価値が高まっていきます。

この本は一旦ここで、終わります。昭和の後半から平成、令和にも色々ありました。経済大国になる日本、力を持ちすぎるマスメディア、少子高齢化、超大型

地震、政権交代、パソコンや携帯電話の普及、宗教テロ、政治家の暗殺、世界的な感染症、インバウンド……。これからも色々あるでしょう。

将来、そこの中心にいる人物は「誰」として語られるのでしょうか？

そしてそれを「誰」が語るのでしょうか？

前者はまだわかりませんが、後者は明らかです。

昭和から平成、令和がどんな時代なのかを語り継ぐ方は、この本を読んでいる「あなた」です。あなたがぜひ、お話しできる方になってください。それは、自分たちより若い世代の財産になっていきます。書いたり、語ること。それが、次の世代への最大の贈り物になっていきます。

最後に残るのは物語だけです。遺跡や建造物も、語られなくなったら考古学の対象です。日本の神社は、人々が語り続けているが故に、今もなお現役であり続け、「遺産」になっていないのです。

日本人の物語を語り続け、書き続ける役目は私たちにかかっています。

〈偉人たちゆかりの名所紹介〉

神武天皇

●橿原神宮（奈良県）：八紘一宇の詔。我々の「日本」はここからスタートしました。私は毎年2月11日、こちらに参拝しようと思っています。みなさんもぜひ、一緒に行きましょう！　他に次のような場所があります。

●弊立神宮（宮崎県。神武東征のスタートの地）

●宮崎神宮（宮崎県）

神功皇后

●住吉大社（大阪）：神宮皇后が摂政になって11年の時に鎮斎されました。神功皇后が信託を受けて造ったと言われています。住吉大神の加護を得て強大な新羅を平定せられ無事帰還を果たされます。

●宇佐神社（大分県）

●全国の八幡神社

仁徳天皇

●仁徳天皇陵（大阪府）：本書でも紹介した世界一大きい陵墓。なんと墳丘の全長486m。ぜひ足を運んで、古墳に興奮しましょう！

●難波神社（大阪府）

●高津宮（大阪府）

推古天皇

●飛鳥寺（奈良県）：日本最初の本格寺院です。実は中大兄皇子と中臣鎌足が蹴鞠の会で出会った場所。なんかエモいですよね。日本最古の仏像、銅造釈迦如来像があります。

●推古神社（奈良県）

●豊浦宮跡（奈良県）

大伴家持

●放生津八幡宮（富山県高岡市）：越中国史に赴任中、宇佐八幡宮を勧請し建立しました。その際に詠んだ歌「港風寒く吹くらし奈呉の江につまよびかはし鶴さはに鳴く」が石碑となって残っています。

●大伴神社（富山県。気多神社本殿の横）

●大伴家持歌碑

紫式部

●廬山寺（京都府）：紫式部の曽祖父、権中納言藤原兼輔が建てた邸宅の跡とされ、紫式部はこの地で生涯を過ごしたといわれています。紫式部は京都に暮らし、彼女が書いた物語の舞台の多くも京都でした。宇治をはじめ、彼女の作中に出てきて今もその名を残す地を訪れてみるのもいいでしょう。

法然

●浄土宗総本山知恩院（京都府）：法然の死後、天台宗の圧力により墳墓が破壊されそうになったところを弟子たちが西山粟生野で荼毘に付し、遺骨を納め、その場所に仏殿、影堂、総門を建てて、知恩教院大谷寺と号し、法然を開山第一世と仰ぐようになりました。

●誕生寺（岡山県。法然の生誕地に建立）

●法然上人二十五霊場（生誕から入滅までのゆかりの寺を巡る霊場・札番付寺院25カ所と番外の「縁故本山」「特別霊場」の全27カ所がある）

親鸞

●頂法寺六角堂（京都府）：道を求めて百日間参籠《さんろう》の際、95日目に夢で聖徳太子から法然に会うようお告げがあったという逸話があります。

●浄興寺

●比叡山延暦寺（滋賀県）：京都では「お山」と言われる比叡山延暦寺。この時代以降のほとんどの僧は、ここから修行して生まれたといっても過言ではありません。

源義家

●石清水八幡宮（京都府）：義家はこの地で元服し、「八幡太郎義家」となり戦勝祈願を行いました。

●若宮八幡宮（京都府。義家の生誕地と言われている場所の一つ）

●塚越3号墳（埼玉県。別名「義家塚」。義家が腰かけた塚があり、そこに石祠を祀る。源頼朝の名で義家の忠魂を勧請した）

●平塚神社（東京都。ご祭神は源義家）

源頼朝

●鶴岡八幡宮（神奈川県。鎌倉幕府の精神的基盤）

●伊豆山神社（静岡県。流刑中に参拝し、平家打倒を誓い、源氏再興を祈願した神社。北条政子と会っていた場所でもある）

●由比若宮（神奈川県。石清水八幡宮を観請して創建した源氏の氏神）

●大倉幕府跡（神奈川県。鎌倉幕府を開いた際、この地に御所を構え政治を行った）

●白旗神社（神奈川県他関東、東北、中部地方に分布。源頼朝主祭神）

織田信長

●熱田神宮（愛知県。桶狭間の戦いの前に戦勝祈願を行った神社）

●清洲城（愛知県。尾張統一の拠点となり、人生の出発点ともなった場所。現在の城は再建されたもので、当時の城の一部が復元されている）

●桶狭間古戦場公園（愛知県。今川義元を討ち取った合戦の地）

●安土城跡（滋賀県。天下統一のために築いた城。当時の最高の技術と芸術を用いた名城だったが、1582年の「本能寺の変」後に焼失。今は国の特別史跡に）

●高野山（和歌山県。信長の墓が山内の奥の院の参道に建てられている）

●本能寺跡（京都府。現在の本能寺は移転先にある。信長が討たれた当時の本能寺があった場所には石碑がある）

●建勲神社（京都府。明治政府により信長を祀る神社として設立）

豊臣秀吉

●豊国神社（京都府。秀吉を祀る神社）

●大阪城
●墨俣一夜城（岐阜県。織田信長が美濃侵攻の際、木下藤吉郎と名乗っていた秀吉が一夜にして建てたといわれる城）
●高台寺（京都府。秀吉の正室北政所が秀吉の冥福を祈るために建立）

徳川家康

●岡崎城（愛知県。家康誕生の地）
●浜松城（静岡県）
●関ヶ原（岐阜県。「決戦地」とされる場所に石碑があるほか、関ヶ原の戦いを様々なかたちで追体験できる「岐阜関ケ原古戦場記念館」などもある）
●日光東照宮（栃木県。家康を祀る神社。全国にある東照宮の総本山社的存在）
●久能山東照宮（静岡県。久能山に家康の遺体が埋葬されたと言われている）

徳川吉宗

●赤坂氷川神社（東京都。吉宗の命で社殿建立）：江戸を守る中心の神社と言われています。筆者の頻出スポット。

●刺田比古神社（和歌山県。厄年に生まれた子供は捨て子にすれば丈夫に育つという風習があり、厄払いの行事として吉宗が捨てられた際、刺田比古神社の宮司が拾い親になったという）

●上野東照宮（東京都。徳川吉宗が祭神）

水戸（徳川）光圀

●水戸黄門神社（茨城県）：光圀生誕の地に建立された神社。言わずと知れた水戸黄門の名前そのものを冠した神社です。

●西山荘（茨城県。光圀の隠居所。ここで歴史書「大日本史」の編纂が行われた）

本居宣長

●本居宣長旧宅（三重県）：本居宣長が暮らしていた建物。2階には「鈴屋」と名付けられた書斎があり、多くの著作がここで生まれました。

●本居宣長ノ宮（三重県。本居宣長を国学神として祀る神社）

●新上屋跡（三重県。賀茂真淵と対面した「松坂の一夜」の舞台となった宿屋の跡地）
●樹敬寺（三重県。一族の菩提寺。15歳の時、この寺で聞いた講釈を一字一句暗記し、帰宅後「赤穂義士伝」を書き残したとされる）

葛飾北斎

●日向院（東京都）：明暦の大火の犠牲者を合葬するために建てられた寺です。巨大な絵を縦横無尽に描く北斎のパフォーマンスがこの境内で行われました。
●隅田川
●牛嶋神社
●誓教寺（東京都。北斎の墓所）

吉田松陰

●松陰神社（山口県）：伊藤博文らによって建立。吉田松陰が祭神。境内には世界遺産の「松下村塾」があります。
●泉福寺（山口県。松陰の菩提寺）

●正松神社（東京都。松陰神社から分霊を請い受けた）
●団子岩の生家跡（山口県）

勝海舟

●勝海舟邸跡（東京都）：勝海舟屋敷跡。坂本龍馬が勝海舟に面会するためにこの地を訪れました。
●両国公園（東京都。勝海舟生誕地跡）
●洗足池公園（東京都。勝海舟夫婦の墓）
●勝海舟神社（神奈川県。大山阿夫利神社末社）

西郷隆盛

●南洲墓地（鹿児島県）：西南戦争で亡くなった西郷軍2023人が葬られている墓地です。
●南洲神社（鹿児島県。西郷隆盛が祭神）

明治天皇

●明治神宮（東京都。明治天皇と昭憲皇太后が祭神）：日本一、参拝客が多い。あの森、人工林だって知ってました？　美しいことをしますよねえ、日本人って。

●伏見桃山陵（京都府。明治天皇陵墓）

乃木希典

●乃木神社（東京都）：乃木希典と妻の静子を祀る神社で、彼の邸宅跡に建てられました。乃木邸宅がそのまま残っています。乃木坂駅からすぐで、六本木から近い中に静謐を保つ美しい神社です。なぜこんなに大絶賛するのかって？　私がこの神社の会員だからです（笑）

●乃木神社（京都府。明治天皇陵の麓にある。乃木希典を祀った神社）

東郷平八郎

●東郷神社（東京都。国民からの要望と浄財により建立）

●秩父御嶽神社（埼玉県。東郷平八郎の銅像が立ち、境内は「東郷公園」と呼ばれ

るように。東郷平八郎、乃木希典も祭神）
●東郷寺（東京都。東郷平八郎を開基とし、東郷平八郎の別荘跡に建てられた）

渋沢栄一

●七社神社（東京都）：渋沢栄一が揮毫した社号額が掲げられています。御朱印は渋沢栄一のイラスト！
●渋沢栄一記念館（埼玉県。渋沢が住んでいた旧渋沢邸跡に立っている）
●諏訪神社（埼玉県。渋沢青淵翁喜寿碑）
●小惑星渋沢栄一（火星と木星の間で発見された小惑星）

豊田佐吉

●豊田佐吉記念館（静岡県。1988年に生誕120年を記念し生誕日に開館）
●岩津天満宮（愛知県。病弱だった子供時代、健康祈願に歩いて参拝しに来た）
●覚王山日泰寺（愛知県。豊田佐吉の墓がある）

杉原千畝

●チウネ・スギハラ広場（イスラエル／エルサレム）：「スギハラ・サバイバー」の子孫の要望で造られました。ぜひ、私とイスラエル行きませんか？（ツアーやってます）

●杉原千畝記念館（岐阜県）

●人道の丘公園（岐阜県。公園内に杉原千畝記念館がある）

●教泉寺（岐阜県。幼少期、寺の仮間に住んでいた）

●杉原千畝記念碑（リトアニア／カウナス。命のビザが実際に発行された場所）

樋口季一郎

●伊弉諾神宮（兵庫県。淡路島では銅像が建てられた）

●円覚寺龍隠庵（神奈川県。元平塚市長の吉野稜威雄氏ら有志により2023年に顕彰碑が建てられた）

●妙大寺（神奈川県。樋口季一郎の墓がある）

石原莞爾

●石原莞爾墓所（山形県）
●陸軍士官学校（東京都。東京裁判が行われた場所）
●石原寛治誕生の地（山形県。モニュメントもある）

岸信介

●東山旧岸邸（静岡県）
●松陰神社（山口県。鳥居中央扁額の文字が岸信介により揮毫されたもの）
●高牟神社（愛知県。拝殿に掛けられている社号額は岸信介により揮毫されたもの）
●岸信介宰相墓地（山口県）

田中角栄

●築土神社（東京都。戦災で焼失の際、当時建築業を営んでいた田中角栄が無償で社殿を建立した）
●平塚山城官寺（東京都。山門に掲げられた「平塚山」は、城官寺三百年を記念し

て田中角栄が書いたもの）
●田中角栄記念館（新潟県）

昭和天皇

●昭和天皇記念館（東京都）
●昭和天皇武蔵野稜（東京都）
●青山御所（東京都。生誕地。戦災で焼失後、現在は東宮御所になっている）
●虎ノ門（東京都。虎の門事件の地）
●桜田門（東京都。桜田門事件の地）

日本が
生まれて
2684年

あとがき

国を好きになるための歴史探索

僕は、どんな作品でも作者の「あとがき」というものが好きで、もし今回書かせていただいた方たちの芸術的な人生に「あとがき」なんてものがあれば、それを読んでみたいなあと思っています。ここでは、そんなあとがき好きな土岐総一郎の「あとがき」を読んでみてくださいね。


あっという間の約２７００年でしたね。

え？　そんなことないって？

しかし、２６５０年は時間にすると約２３００万時間。

それに比べたら、本書を読み通していただくのにかかったのは、閃光のような時間だったんじゃないかと思います。

神武から昭和までの歴史を代表的、象徴的な人物の偉人伝を縫いながら追うという形でまとめてみましたが、本当は、出したい人物がもっとたくさんいます。４００

ページ近く書いてまだ？　という感じですが、本当にまだまだいるんです。

神様にばったり出くわすレアなエピソードを持っていたり、女性を口説いたっきり80年放置した雄略《ゆうりゃく》天皇の話も面白いですし、謎だらけの明智光秀なのに残っている愛妻家エピソードだったり。学んでいくと面白いことだらけです。


いつか、続編も書けたらいいなあ〜〜〜。この本を読んでくれた方に紹介してもらえたり、評価が良ければ……その可能性もあるみたいですよ。きっとここまで読み通してくださったあなたはきっと、良い評価や紹介をしてくださると信じています！

これが、あなたへの私の信仰心です（笑）。


さて、本書の表紙には、「東洲斎写楽」モチーフの絵を使わせていただきました。

実はこの写楽。再発見されたことで評価された人物です。

海外で再評価されてから、日本人は写楽を見直したのですね。

実は、10ヶ月しか活動期間がない謎の絵師、写楽。

作品点数もそんなに多くなく、２００点もないようです。

江戸の一時期には本当に人気だったようですが、ブームが過ぎたら見向きもされず、それで人物に関する情報も残っていないというわけです。結果、明治期までは、現代の古本屋の百円本のようにたった「1銭」で売られていたみたいです。

そんなこんなで金銭的にはまったく評価されていない絵でしたが、後年、海外で人気が爆発します。インバウンド……ではないにせよ、海外人気で元々1銭の価値しかなかった写楽の絵は、最終的に大正の頃には1万円、今でいう数百万円、数千万円にまで高騰してしまったのです。そうして、まるで死後に評価されたゴッホのように、一躍スターになりました。

写楽に限らず、今、日本は海外から再評価されています。

私は、日本人もまた、日本を再評価するタイミングだと思っています。

お金の話ばかりが評価じゃないかもしれないけれど、お札になるのは偉人ばかり。(今までの紙幣になっている人だけで、本、数冊はいけますよ、ジュルリ。)経済大国日本でもあるわけですから、資本主義国家としても優秀な人材輩出国です。

海外から見たら不思議な、世界一古い文化を持ち続け、なおも文化的先進国である日本。江戸時代から今にいたるまで、女性が一人で出歩きできることに、海外からは驚きの評価を得ている一面もあります。ノーベル賞受賞者や世界を変える発明も非常に多いですし、今やアニメ、音楽、スポーツでさえ世界を驚かせ続ける日本。

そして日本に来てみてびっくり、1000年単位で存在するのに遺産ではなく現在進行形で運営され生き続ける神社に、世界の会合のほぼすべてで上座に座り続ける権威の長老、2700年続く天皇という日本の柱。

浪漫と信仰、生活と国がすべて一体となっている不思議と伝説の国、日本。

海外から日本を見た時に、私たちには見えない日本の発見があるのです。そして、自分たちの国を愛した時に初めて、他の国の良いところも見えてくるのです。

さて、せっかく歴史を勉強するなら、ダイナミックに、ドラマチックに、間違いを恐れず過去の小説や時代劇、ゲーム、漫画のように、個人個人が興味を持てる入り口や楽しく学べる形で勉強していくのがいいのではないかと思います。

とは言うものの、私もよく批判はされます。こういう発信をしていると、間違いの指摘をいただくことはあって、何しろ文献資料ばっかりなので、私なんか読み間違いやら誤読なんか多いので助かるといえば助かるのです。

ただ、明らかな間違いならまだしも、余白の許された歴史解釈についても批判する人は絶対に出てくるのですが、そこは私は、ある意味漫画やアニメでいうところの「思想の違い」みたいなものだと思っています。私に関して言えば、主に左からくる批判は右に受け流そうかなというスタンスです。


海外では基本的には自国を誇りに思う人が大多数ですし、そんな国は他国から見ても素敵に思えてくるわけなので、私は今後も日本は素晴らしい、マーベラスな国だという発信をしていきたいと思っています。君が代だっていい歌詞だし、国旗だって美しい。そんなこと言うと学校の先生の中には怒っちゃう人もいるかもしれないですけど、他国のそれと比較したら日本の国歌なんて綺麗なものですよ。「侵略してくる敵は皆殺しだ!」みたいな国歌も多いですからね。

教育で国際化を謳うなら、まずは国家を代表する国を愛する人になるほうがいいんじゃないかと思うんですよね。家族間だって地域間だって会社間だって、自分の家族を、地域を、会社を愛する人と親交を結びたいものです。

この本を読んだあなたは、日本がどんな国であってほしいと思いますか？
その未来は、あなたの手の中にあります。
政治システムとかそういったものにかかわらず、世の中は、結局そこに住んでいる人の思っている方向に変わっていきます。私はそう大学で習いました。

さて、本編に続いて「あとがき」も長くなりましたが、いつか本書の続編が出るように応援してくださると嬉しいです。ＹｏｕＴｕｂｅで土岐総一郎、インスタグラムで封印されし神社の秘密、なんかを検索してくださると、本を待たずにすぐお会いできるとは思いますが……ともあれ、また会える日を楽しみにしております。

２０２５年　新しい年のはじめに

土岐　総一郎

〈解説〉

作家・講演家　ヤマト・ユダヤ友好協会会長　赤塚高仁

日本という国家が存在するということは、誰かがそれを創造したということです。

「国家」というのは自然にはない、人間が生み出す概念だからです。

世界で最も長く国家が続いているのは、その国の存在が天の意に沿う「いい国」であり、先人たちが国家を護り続けたからに違いありません。

私は、36年前、29歳でイスラエルというユダヤ人が創った国に行きました。

そして、人生が根っこから変わるほど驚きました。

国が一度滅び、再び2000年の時を経て建国したその地を歩き、国家が存在するのは当たり前ではないという真理を体感したからです。

私はその時、自分の祖国日本が、いつ誰によって創られたのか知りませんでした。

知らないのは、学校で教えられていないからではなく、自分が祖国を愛していないからだと気づかされた衝撃は、今もなお私の活動の原動力となっています。

魚に水が見えないように、日本人に日本が見えない。だから、イスラエルに学び、大和魂の振起を願う。そう祈りながら、40回の旅で1000人を超える日本人をイスラエルにお連れしました。ベストセラーとなった『お父さん、日本のことを教えて!』(自由国民社)をはじめ、本を書き、講演を全国各地で行ってきました。日本の永遠を願い、国史を伝えることがいつしか私のライフワークとなりました。

この度、我が同志、土岐総一郎氏が『日本の真・偉人伝』を上梓されました。我が国の建国から今日の日本に続く31人の偉人たちの息吹を感じられる素晴らしい書です。学校で教えられる「日本史」というものは、レストランのメニューのようなもので、いくら見ても味わえないしお腹もいっぱいになりません。歴史を学ぶというのは、古《いにしえ》の人の営みと今の自分の足元に架かる虹の美しさに驚かなければならないのです。学校で試験のために覚える年号は、虹の成分を水滴だと教えるような驚きもなく感動もないものでしょう。

本書を読んだ読者が日本の歴史に感動し、日本を今以上に愛しく思われ、その感動をご家族やご友人にお伝えくださることを心から願っています。

編集協力
升永悠真、ミカべべ

調査協力
樅山はる香

カバーデザイン
西垂水敦＋内田裕乃（krran）

本文デザイン
金澤浩二

カバーイラスト（写楽）
提供：鶴来雅宏／アフロ

帯・本文イラスト（猫）
提供：イメージマート

本文イラスト（人物）
NIKK MOU

本文DTP
エヴリ・シンク

校正
（株）東京出版サービスセンター

〈著者紹介〉
土岐総一郎（とき・そういちろう）
1986年、千葉県生まれ。事業経営、プロデューサー業で長年活躍し大きな成功をおさめる傍ら、ライフワークとして日本の歴史を研究。現在は日本の知られざる歴史を紹介するインスタグラム「封印されし神社の秘密」も運営中。

歴史《れきし》がもっと面白《おもしろ》く、神社《じんじゃ》やお寺《てら》がもっと楽《たの》しくなる！
日本《にっぽん》の真《しん》・偉人伝《いじんでん》

2025年1月4日　初版発行

著／土岐《とき》 総一郎《そういちろう》

発行者／山下 直久

発行／株式会社KADOKAWA
〒102-8177　東京都千代田区富士見2-13-3
電話 0570-002-301(ナビダイヤル)

印刷所／大日本印刷株式会社
製本所／大日本印刷株式会社

ISBN 978-4-04-607246-7　C0021